KB025538

간호사 혁명 시대

간호사 혁명 시대

초판 1쇄 인쇄 2022년 11월 8일
초판 1쇄 발행 2022년 11월 15일

지은이 이경주

발행인 백유미 조영석
발행처 (주)라온아시아
주소 서울특별시 서초구 효령로 34길 4, 프린스효령빌딩 5F

등록 2016년 7월 5일 제 2016-000141호
전화 070-7600-8230 **팩스** 070-4754-2473

값 18,000원
ISBN 979-11-6958-002-1 (03320)

※ 라온북은 (주)라온아시아의 퍼스널 브랜드입니다.
※ 이 책은 저작권법에 따라 보호받는 저작물이므로 무단전재 및 복제를 금합니다.
※ 잘못된 책은 구입하신 서점에서 바꾸어 드립니다.

라온북은 독자 여러분의 소중한 원고를 기다리고 있습니다. (raonbook@raonasia.co.kr)

간호사 혁명 시대

✦ 1% NURSE REVOLUTION ✦

이경주 지음

"메타버스 시대에 적응하고
AI를 뛰어 넘는 능력을 갖춘
'뉴칼라 간호사' 시대가 온다!"

RAON
BOOK

○ 나이팅게일 이후 글로벌 간호 현장은 끊임없이 변화하며 성장해 왔다. 한국의 많은 간호사도 개혁가이자 철학자인 나이팅게일의 정신을 실천하며 간호의 지평을 넓혀왔다. 더욱이 새로운 기술혁신이 도래되면서 간호사는 전문직으로서의 간호 전문성 발휘 및 건강하고 안전한 사회를 위한 역할자로서의 간호 책무성이 더욱 강화되고 있다. 이 책은 이러한 시대적 변화에 부응해 새로운 세상을 주도할 간호사의 역할을 조망하고 있다. 간호를 통해 세상을 변화시킬 용기를 가진 사람들이라면 이 책을 가까이할 것을 적극 추천한다. 앞으로 이 책을 통해 용기를 낼 간호사들이 만들어나갈 간호 미래를 기대해 본다.

_이화여자대학교 간호대학 교수 **김미영**

○ 24시간 깨어 있으면서 환자들의 더 나은 삶을 위해 고군분투하는 수많은 간호사의 행복한 삶을 위해 쓰인 책이라는 저자의 글귀가 마음 가운데 들어옵니다. 아날로그와 디지털 시대를 모두 지낸 선배 간호사의 이야기가 궁금하다면 책장을 넘겨보시길 추천해 드립니다. 간호학과를 지망하는 학생들, 병원 실습과 학교 공부 병행으로 힘들어하는 간호학과 학생들, 신규로 프리셉터로 고군분투하는 간호사들 그리고 간호대학 교수진과 병원의 간호 관리자들이 보면서 세대 간의 차이를 뛰어넘어 서로를 이해할 수 있을 것입니다.

_㈜MRN 대표 **김명애**

○ 〈간호사신문〉 기자로 저자를 처음 알게 되었는데, 어느 날 교수가 되었다는 소식을 듣게 됐다. 그런데 이제는 또 작가라고 한다. 저자의 또 다른 도전에 놀라움을 느낀다. 나는 중학교 정교사를 하다가 뒤늦은 나이에 간호학과를 졸업했다. 그 후 국제 보건 사업 프로젝트 매니저로 에티오피아와 라오스에서 근무했고, 간호대학에서 겸임교수와 강사로 학생들을 가르치기도 했다. 그리고 흔히 '빅 3'라고 불리는 병원에서 간호사 생활을 하다가 짧은 기간에 퇴직한 아픔을 겪기도 했다. 그런 나에게 저자의 책은 깊은 감동과 위로를 주기에 충분했다. 누구나 알고 있고 공

감하는 간호계의 구조적인 문제지만, 선뜻 말하기 어렵고 껄끄러워하는 이슈를 객관적이고 합리적이면서도 따뜻한 마음으로 담고 있었다.

이 책에는 끊임없이 도전하며 간호의 지경을 넓혀나가는 저자의 과감함과 그 저변에 분명하고 굳건하게 뿌리내리고 있는 인간에 대한 애정이 담겨 있다. 빠르게 변하는 세상의 주인공이 되고 싶다면 이 책을 통해 자극을 받고 시대를 선도하길 바란다.

_ 간호사, 엇박천재래퍼, 오에스제이에듀 대표 **오상준**

○ 우리에게 다가온 시대의 변화는 새로운 유형의 간호사를 필요로 한다. MZ 세대, 4차 산업혁명, 인더스트리 5.0와 같은 용어들이 이를 뒷받침하고 있다. 이 책은 교육 현장에서 수많은 MZ 세대를 가르치고 경험한 '젊은 교수'인 저자의 통찰력이 담겨 있으며, 핵심 용어로 사용되는 '뉴칼라 간호사'는 이 시대의 요구에 명확한 답을 제시하고 있다. 격변하는 시대 속에서 혼란스러운 현직 간호사와 간호사를 꿈꾸는 예비 간호사 그리고 새로운 세대와 간호 문화를 이해하고자 하는 모두를 올바른 방향으로 인도할 것이다.

_고려대학교의료원 구로병원 심혈관센터 책임간호사 **이환희**

○ 나의 교수님이셨던 저자를 생각하면 본인의 과중한 업무에도 학생들의 고민이 먼저였던 이미지로 떠오른다. 그로 인해 항상 교수님의 연구실은 웃음이 넘치는 제자들의 이야기장이자 사랑방이었다. 졸업하고서도 힘들 때 교수님이 제일 먼저 생각났고, 연락하면 아낌없는 응원으로 힘을 얻었다. 간호사 후배들의 고충을 알고, 상대의 상황과 마음을 언제나 아낌없이 공감하며 이해해 주는 저자의 책이라면 간호를 꿈꾸는 이들에게 무조건 필독서가 될 것이다.

_육군학생군사학교 간호장교 **김예지**

프롤로그

나는 나이로 세대를 구분 짓는 것을 그다지 좋아하지 않는다. 아니, 좋아하지 않는 정도가 아니라 싫어하는 편에 가깝다. 왜냐하면 굳이 세대를 나눠 나이에 따른 고정관념을 고착시키는 것에 반감이 있기 때문이다. 나이가 많아도 유연한 사고로 혁신을 주도하는 사람들이 있는가 하면, 나이가 적어도 변화를 못 견디며 자신의 가치관을 주입하려는 소위 '꼰대'가 있기도 하다.

사람마다 살아가는 삶의 방식도, 선호하는 취향도 다양 각색이며, 이는 나이와 무관하다고 생각한다. 세대 통합 추구자인 나로서는 사회적으로 다양한 갈등을 봉합하고 통합의 길로 나아가야 한다고 강력히 생각하는 쪽이다. 그럼에도 세대를 구분 짓는 용어나 단어를 사용하고, 나이에 따라 세대를 구분하는 이야기를 책에 쓰게 된 것은 세대를 나누려는 의도라기보다는 앞선 세대들에게 새로운 생각을 가진 이들을 소개하기 위해서다.

기성세대는 요즘 MZ세대라고 불리는 젊은 사람들의 유행과 행동, 줄임말, 신조어에는 관심을 보이지만, 정작 그들이 어떠한 장점을 갖고 있으며, 얼마나 가능성이 큰지, 답답한 현실을 헤쳐나가기 위해 얼마나 치열하게 고민하고 투쟁하며 살아가는지에는 무심하다. 그리고 MZ세대는 공식적으로 입장을 표명할 수 있는 창구가 거의 없다. 직장에서 의견을 낸다고 하더라도 윗사람들의 기분과 회사 분위기를 맞춰가며 조심스럽게 이야기하는, 소위 말하는 '사회생활'을 하는 것이지 진심으로 진솔하게 자신들의 목소리를 내기는 어렵다.

그렇다고 해서 누가 대신 나서서 신입 직원들을 대변해 주지도 않는다. 조직의 변화가 어렵다고 느끼는 신입들은 적응도 하기 전에 퇴사를 선택하고, 결국 조직은 적응하는 자들로만 채워져 고인 물이 되어간다. 그래서 내가 MZ세대를 항변하는 사람이 되어 목소리를 내기로 했다. 새로운 시대에 새로운 삶의 방식과 새로운 세계관으로 살아가는 새로운 세대를 모르는 이들에게 MZ세대의 숨겨진 속마음을 전달하고 싶었다.

나는 대학 교수로 근무하면서 많은 학생의 삶을 들여다보고 이야기를 들을 수 있었다. 부모님도 잘 들어주지 않고, 친구들에게도 터놓을 수 없었던 이야기를 내 앞에서만큼은 동네 언니에게 말하듯, 친누나에게 말하듯 편하게 속마음을 내어놨다. 몸에는 문신과 피어싱을 하고 있고 담배 냄새로 찌들어 있는 학생은 눈물 많고 사랑을 줄 줄 아는 정 많은 20대 청년이었고, 학업 성적이 좋지 않고 토익 점수도 없는 학생은 자신과 세상의 미래를 아름답게 변화시킬 아이디어를 실천하는 리더십 가득한 인재였다.

그러나 나이가 어리다는 이유로, 경험이 부족하다는 이유로, 살아온 날이 짧다는 이유로 세상은 반짝이는 그들의 생각을 들어주지 않았다. 더군다나 세상은 그들의 생각이 그 이상 확장되지 못하게 요동치며, 삶의 무게를 당장 짊어지라고 보채고 있었다.

이런 현실에서 여유 있게 자신들의 진짜 마음은 이렇다고 목소리를 높일 청년들은 많이 없을 것이다. 청년 중 누군가 생업을 마다하고 20대의 목소리를 외친다고 한들 세상은 취업이나 하고 말하라고, 성과를 증명해내고 이야기하라고, 너도 나이 들어 보면 느낄 것이라고 핀잔을 줄 것이다.

그래서 20대 청년들이 차마 말하지 않고 사라지는 그들의 진짜 마음, 진짜 목소리를 나라도 대신 전달해야겠다는 의무감과 책임감을 느끼며 책을 써야겠다고 마음먹었다. 그러면서도 쉽사리 원고 작업을 시작하지 못했다. 그 이유는 뛰어나고 대단한 사람들도 겸손하게 묵묵히 살아가는데, 내가 뭐라고 이 어린 나이에 책을 쓸까 싶어서다. 한 분야에 몇십 년 이상 무르익는 전문가가 되어야만 책을 쓸 수 있는 것이라고, 단순히 책 한 권이 아니라고 되뇌며, 활자의 무게감으로 오랜 시간 고민했다.

결국 나를 집필로 이끈 원동력은 젊음이었다. 무르익지 않았기 때문에 볼 수 있는 시각이 있고 무르익지 않았기 때문에 할 수 있는 말이 있다. 그래서 여전히 부족함은 있지만 이미 다 무르익어버리기 전에 젊은 교수로 바라볼 수 있는 신선한 시각을 기록하기로 했다.

그중 첫 번째가 간호사에 관한 이야기다. 나는 대한민국 간호사들을 존경한다. 나 자신, 우리 가족만을 위해서 사는 삶도 어려운데, 신체적으로 심리적으로 아프고 지친 사람들이 위기에 처했을 때 그들에게 손을 내밀고 그들의 치유를 위해서 어루만져주는 일은 결코 쉽지 않다. 본인의 기분과 컨디션에 상관없이 환자들이 원할 때 늘 곁을 지켜야 하고 그 순간을 위로하는 사람, 나 자신보다 타인을 위해 살아가는 삶 자체를 직업으로 삼고 평생을 헌신하며 살아가는 사람, 그래서 간호사는 참으로 대단하다.

간호사를 단순히 돈 버는 직업이라고만 여긴다면 생각보다 매력 없는 직업일 수도 있다. 과한 업무량에 비해 낮은 인건비, 현실적으로 간호 업무에 집중하기 어려운 보건의료 정책의 제약과 건강보험 수가 등의 문제가 있기 때문이다. 그럼에도 불구하고 간호사는 직업 그 이상의 사명감과 헌신으로 환자의 삶 구석구석에 영향력을 발휘한다. 어찌 보면 가족보다 더 많은 시간을 환자들과 동고동락하면서, 간호사가 꼭 하지 않아도 되는 사소한 도움조차 환자를 위한 마음으로 해결해 준다.

나는 24시간 깨어서 환자들의 더 나은 삶을 위해 고군분투하는 수많은 간호사들을 존경한다. 이 작은 책이 간호사의 행복과 간호의 발전에 조금이나마 기여하기를 간절히 바라는 마음이 정말 크다.

사랑받아본 사람이 사랑 주는 방법도 안다는 말처럼 간호사의 행복이 곧 환자의 행복이라는 것을 너무 잘 알기 때문에, 환자들이 더 좋은 환경에서 충분히 간호받으면서 행복하고 건강한 인생을 살아가기 위해서는 간호사의 행복도 필수적이다.

한편으로는 요즘 젊은 간호사들의 여러 노력과 이전 세대들은 하기 어려웠던 말도 안 되는 스펙을 쌓는 모습에 선배들이 오해하고, '라떼는~' 같은 말로 젊은 세대 간호사들을 향해 이기적이라고 이야기하는 것을 보면서, 적어도 그 마음을 이해하고 있는 내가 그들의 입장을 대변하고 싶었다. 젊은 간호사들이 간호사로서 자부심을 지키고 하루하루 충실하기 위해 노력하는 그 귀한 삶들을 알리고 싶었다. 그리고 정말 수고했노라고, 여러분들이 힘들고 고된 것도, 이직을 선택하는 것도 자신의 탓이 아니라고 말해주고 싶었다. 지금을 잘 견디어 내고 좋은 간호사가 되어서, 나중에 '고인 물' 선배가 되지 말고 정말 멋진 리더 간호사가 되길 응원하는 마음으로 글을 집필했다.

아울러 새로운 시각으로 변화를 주도하는 요즘 간호사들을 '뉴칼라 간호사'로 칭했다. 뉴칼라(New Collar)는 4차 산업혁명 시대에 새롭게 등장하는 직업 계층을 뜻한다. 육체 노동직을 뜻하는 '블루칼라(Blue Collar)'나 전문 사무직을 뜻하는 '화이트칼라(White Collar)'가 아닌 새로운 직업 계층이다. 이에 착안해 메타버스 시대에 AI를 뛰어넘는 능력을 갖춘 간호사를 뉴칼라 간호사라고 부르기로 했다. 자기 할 일을 성실하고 꼼꼼하게 해내는 것을 뛰어넘어 급변하는 새로운 시대에 모든 것들을 융합하고, 컴퓨터가 계산할 수 없는 그 이면의 것을 보고 파악할 수 있는, 컴퓨터보다 뛰어난 민감성과 동물적인 감각을 가진 간호사가 뉴칼라 간호사인 것이다.

내가 이렇게 시대가 원하는 간호사가 어떤 소양을 가져야 하는지 고민할 수 있었던 것은 그동안 간호 발전에 일생을 헌신한 선배님들의 피, 땀, 눈물 덕분인 것을 고백한다. 그들이 있었기에 오늘의 간호사들이 앞으로 나아가며 발전할 수 있었다.

또한 애정이 깊으면 단점도 더 잘 보이고 또 발전하기를 바라는 간절한 마음이 있기에 간호에 대한 어두운 측면을 쓴 부분도 없지 않아 있다. 이것은 간호사와 간호 현장에 대한 지적이 아니라 내가 아끼고 사랑하는 간호사들이 조금 더 나은 환경에서 행복하게 일하기를 간절히 바라는 마음에서 비롯된 것이다. 나의 진심이 고스란히 전달되길 바라고, 간호 발전을 위해 함께 고민하는 사람들이 많아지기를 바란다.

마지막으로 부족함은 많지만 그래도 이 작은 시도가, 내가 내민 작은 한 걸음이 간호사와 간호를 받는 사람들, 더 나아가 우리나라 보건의료의 발전에 조금이나마 기여하기를 바란다.

이경주

차례

2장

판을 바꾸는 뉴칼라 간호사

3장

상위 1% 뉴칼라 간호사가 일하는 법

4장

뉴칼라 간호사가 되는 7가지 노하우

5장

예비 간호사와 현직 간호사를 위한 Q & A

부록

알아두면 좋은 간호 관련 리스트

1장

MZ세대 간호사들이 오고 있다

MZ세대 간호사들을 아시나요?

MZ세대의 직업 조건, '열정'

나는 간호사로 일을 시작해 〈간호사신문〉의 취재기자로 근무하다가 현재는 대학에서 학생들을 가르치고 있다. 대학을 졸업하고 아직도 30대 나이임에도 벌써 3개의 직업을 거친 것이다. 내가 전임교수가 되었을 때 주위 어른들은 "드디어 네가 안정적이고 연금이 나오는 직업을 가졌구나!" 하면서 축하해 줬다. 하지만 나는 안정적이고 연금이 나온다는 것에는 별 감흥이 없었다. 그저 내가 하고 싶은 일을 하게 되어서 좋았을 뿐이었다.

사람들은 다음 직업 중에 어느 직업을 더 선호할까? 교사 vs 학원강사, 전임교수 vs 시간강사, 공무원 vs 시민단체 활동 중에서 선택하라고 하면 아마 나이가 어느 정도 있는 사람들은 당연히 전자의 직업을 택할 것이다. 왜? 안정적이니까!

우리 부모님 세대의 어른들은 안정적인 직장을 가져야 사회로부터 존경을 받고 이웃에게도 자랑할 수 있고 결혼할 때도 유리하다고 여겼다. 그래서 자녀들이 안정적인 직장을 갖고 직장과 가까운 곳에 정착해 가족이 오순도순 사는 것이 행복하다고 생각했고, 자녀들이 그런 길을 갈 수 있는 진로를 선택하도록 은근히 유도했다.

그런 어른 세대와는 달리, MZ세대는 더 이상 안정적이라는 '유혹의 함정'에 빠지지 않는다. 안정적인 직업이 있는 사람을 대단하다고 우러러보지도 않는다. 안정적이라는 것으로 그 직업의 가치를 판단하지 않는다. 오히려 자신의 일을 열정적으로 하며, 새로운 것에 도전하고 자신의 일에 자부심을 갖는 것이 더 멋있다고 생각한다.

그런 점에서 공교육 커리큘럼대로 따르는 교사보다 본인의 철학과 신념을 펼칠 수 있는 학원 강사로 일하면서 일한 만큼 돈을 버는 것에 더 가치를 두기도 한다. 강의뿐 아니라 연구와 학생 지도를 비롯해 행정 업무까지 해야 하는 교수보다 강의에 전문성을 가진 프리랜서 강사를 그리고 정적이고 수직적인 공무원 조직보다 역동적이고 수평적인 시민단체 활동을 선호하기도 한다.

"바다가 좋아서 지방으로 갑니다"

춤을 잘 추는 한 아이가 있다. 과거 어른들은 이왕 춤을 출 거면 잘해서 최고의 가수가 되라고 응원했다. 그것이 어른으로서 그 아이에게 해줄 수 있는 최고의 찬사였다. 하지만 MZ세대는 다르다. 꼭 가수가 되지 않아도 댄서로서 인정받으면 된다. 내가 하고 싶은 일에 열정을 다해 내 분야에서 인정받으면 꼭 가수가 되지 않아도 괜찮다. 모두의 목표가 같을 필요는 없는 거니까.

간호사도 마찬가지다. 예전에는 간호학과를 졸업하고 규모가 큰 대학병원에 입사해서 열심히 일하고 인정받고 승진하는 것이 미덕이었다. 그것이 간호사로서 성공한 삶이었다. 하지만 MZ세대의 간호사들은 다르다. 왜 꼭 한 병원에서 평생 근무해야 하는가. 그럴 필요가 없는 것이다. 간호사로서 존재하는 것에 가치를 두는 것이지 직장에 연연하지 않는다. 그리고 존재하는 그곳에서 본인의 인생을 만들어나간다.

내가 가르쳤던 학생 중에 대학 졸업 때까지 서울에서 살았던 학생 A가 있었다. 가족들도 다 서울에서 살고 지방에는 별다른 연고가 없던 학생이었는데, 졸업 후 강원도에 있는 병원에 취업하겠다고 했다. 지방 학생들도 서울로 취업하길 간절히 바라고 있는 마당에 이해가 잘 되지 않아서 왜 그런지 물었다. A는 바다를 너무 좋아해서 어릴 때부터 바다 보이는 곳에서 사는 게 꿈이었다고 하면서 예전에 강원도에 놀러갔을 때의 기억이 너무 좋아서 강원도에 살고 싶다고 했다.

남들은 서울로 취업하고 있을 때 바다가 좋았던 A는 굳이 강원도에 있는 병원에 입사했다. 한두 달만 지나면 가족과 서울 생활이 그리워 그만둘 것이라고 생각했던 내 예상과 달리 너무 잘 적응했다. 과거에는 이런 학생들을 돌연변이라는 시선으로 바라봤다. 남들과 다른 결정, 남들과 다른 삶 그리고 그 저변에 안정감도 느껴지지 않는 삶을 사는 것, 그 선택을 어른들은 불안해했다.

MZ세대는 다르다. 본인 삶의 결정에 어느 누구의 영향도 받지 않고 주체적으로 자기 삶을 이끌어 갈 수 있는 그 모습을 보고 '힙하다'고 한다. 인프라가 다 갖춰진 서울을 떠나 제주도에서 텃밭을 가꾸는 가수 이효리 씨가 힙하고, 대기업 엔지니어를 그만두고 베스트셀러 소설가가 된 이미예 씨가 힙하고, 펀드매니저를 그만두고 유튜버로 살아가는 슈카(본명 전석재) 씨가 힙하다. 적어도 MZ세대가 인정하는 힙한 사람들을 살펴보면, 본인들이 삶의 주체자이며 그 삶을 위한 결정도 용감하게 내리는 사람들이다.

4차 산업혁명 시대, 달라진 세상 & 달라진 가치관

대부분 사람들은 불안정에서 오는 불안감을 극복하기 어렵다. 나를 위해 뒷바라지한 부모님, 나를 바라보고 살아가는 배우자와 자녀를 생각하기 때문이다. 나만 원한다고 훌쩍 직장을 그만둘 수도 없고 이사를 갈 수도 없다. 가정을 평범하고 안정적으로 유지하기 위해서 삶의 터전이 자주 바뀌면 안 된다고 생각하기 때문이다. 그리고 사람들이 나를 무책임하다고 생각할 수 있으니까.

4차 산업혁명 시대는 다르다. 아무리 멀리 떨어져 있어도 실시간 온라인 회의가 가능하며, 산속에 살아도 유튜브 스타로 유명해질 수 있다. 주변에 학원이 없어도 인터넷으로 스타 강사의 수업을 받을 수 있고, SNS를 통해 내 생각과 의견을 실시간으로 전달할 수 있다.

교통의 발달로 지역의 경계도 무너졌다. 예전에는 1가구에 자동차가 1대인 것이 일반적이었다면, 지금은 1인 1자동차 시대다. MZ세대는 차를 몰고 전국 어디든 캠핑을 다니며 'SNS 핫플'이라는 명소에서 경치를 즐기고 집에서 100킬로미터 이상 떨어진 맛집에서 음식을 먹는다. 대중교통도 잘 되어 있어 서울에서 부산까지 갔다 오는 일정을 하루 만에 소화할 수 있고, 서울에서 대구까지 출퇴근하는 사람들도 있다.

달라진 환경에 발맞춰 MZ세대 간호사들은 도전한다. 지역을 벗어나 병원이라는 한 직장을 벗어나, 본인이 가장 잘 돋보이는 곳으로 그리고 역량을 발휘해서 자신의 존재 가치를 증명할 수 있는 곳으로 말이다.

MZ세대 간호사들이 오고 있다

MZ세대를 M(Millennial)세대와 Z세대로 굳이 구분을 하자면, M세대는 1980년대 중반에서 2000년대 초반 사이에 태어난 세대를 의미하고 Z세대는 1990년대 후반부터 2010년대 초반에 태어난 세대를 의미한다.

나는 1980년대 중반에 태어나 1990~2000년대에 학교를 다닌 대표적인 M세대다. 아날로그에서 디지털로 전환되는 발달 과정을 실시간으로 목도하면서 성장했다. 예를 들면 나의 부모님 세대가 어렸을 때는 집에 전화기가 없었다. M세대인 나의 어린 시절에는 집에 전화기는 있었지만 개인 휴대폰은 없었다. Z세대는 개인별 스마트폰이 당연하다.

나의 부모님 세대에 TV를 보려면 지상파(KBS, MBC, EBS 등) 방송을 시청했다. 보고 싶은 프로그램을 보기 위해서는 꼭 제시간에 봐야 했고, 사정이 있어 못 보면 재방송을 챙겨볼 수밖에 없었다. 그래서 방송 프로그램 시간표가 무엇보다 중요했고, 신문에 방송 시간표를 확인하는 것이 하나의 일과였다.

M세대인 나는 지상파에 추가로 케이블 방송(OCN, tvN, 투니버스, 홈쇼핑 등)까지 볼 수 있었다. 미리 시간을 확인해 보고 싶은 프로그램의 예약 녹화를 할 수 있어서 부모님 세대보다 비교적 자유롭게 TV를 시청했다. 하지만 집에 TV가 한 대여서 리모컨 전쟁은 어쩔 수 없는 일이었다. 그런데 Z세대는 방송국과 무관하

게 유튜브 등을 통해 개인 방송을 보거나 넷플릭스 같은 온라인 스트리밍 서비스를 이용한다. 거실 리모컨 전쟁도 사라지고 각자 방에서 개인의 취향에 맞는 프로그램을 본다.

이제 와이파이와 블루투스 등으로 전자 기기의 선(Line)도 사라지고, 스마트폰이 모든 홈 기기와 연결되어 원격으로 터치만 해도 집안의 전자 기기들을 조종할 수 있다. 유선에서 무선으로 변화하는 것처럼 시공간의 제약도 눈에 보이지 않게 사라지고 있다.

이렇듯 Z세대의 가장 큰 특징은 어려서부터 이동식 기기(스마트폰, 태블릿 PC 등)로 초스피드 인터넷을 무선으로 이용하는 세대라는 것이다. 공부도 기기를 통해 하고, 책도 전자책으로 읽는다. 오디오북도 활성화되어서 자기 전에 눈을 감아도 성우가 읽어주는 책을 들을 수 있다. 지금 초등학생인 아들은 한창 한글을 배울 때 스마트 학습기를 이용했다. 종이 학습지도 있었지만 그것은 스마트 학습기로 배운 후에 과제 풀이를 하는 정도였고, 실제 교육은 스마트 학습기로 동영상을 보며 했기 때문에 공부를 종이로 한다는 것을 짐작도 못했던 것 같다.

아들과 이야기를 나누다가 내가 "엄마가 어릴 적에는 태블릿 PC가 없었어"라는 말을 했는데, 아들이 깜짝 놀라면서 "엄마, 그러면 한글은 어떻게 배웠어요?"라고 물었다. 종이 학습지로 공부했다고 설명했지만, 아들은 어떻게 그게 가능했는지 이해조차 하지 못했다. 인터넷 연결이 1분만 끊어져도 답답한 세상에서 어찌 보면 당연한 것인지도 모르겠다. 이렇게 세상을 모니터로 배우고 스마트폰을 통해 전 세계 소식을 실시간으로 받는 이들이 간호사가 되고 있다.

이제 변화를 받아들일 때

코로나19로 인해 비대면 수업이 확산되면서 나는 지금은 수업 동영상이나 음성 파일을 학생들에게 주고 있다. 하지만 몇 년 전만 해도 수업 내용을 녹음, 녹취한 파일을 학생들에게 공유하는 것은 저작권 문제나 온라인 유포의 우려가 있어 금지했다. 나도 수업 첫 시간에 강의 내용을 녹음하지 않도록 주의를 줬다(물론 그럼에도 몰래 녹음하는 학생들은 있었다). 그런데 그 이야기를 하고 얼마 지나지 않았는데 한 학생이 스마트폰을 들고 수업을 듣는 것이었다. 자세가 딱 녹화하는 모습이었다.

방금 녹음을 금지한다고 말했는데, 몰래 녹음하는 것도 아니고 대놓고 당당하게 녹화하고 있다니 내 말이 우스운가 싶어 화가 났다. 몇 번 눈짓을 줬는데도 그 학생은 스마트폰을 들고 계속 내 모습을 찍는 것이었다. 결국 직접 주의를 주기 위해 그 학생에게 가서 동영상 촬영을 하지 말라고 이야기했다.

그랬더니 그 학생이 "교수님, 저 안경을 안 가져와서 화면이 잘 안 보여서요. 그래서 카메라 줌 기능으로 확대해서 보고 있었어요"라고 대답하는 게 아닌가. 순간 화를 냈던 일이 민망해졌지만 그래도 체면이 있어 학생에게 "오해받지 않게 스마트폰은 가방에 넣으세요!"라고 말하고 돌아섰다. 하지만 스마트폰의 다양한 기능을 간과했던 나의 경직된 사고 때문에 괜히 학생에게 화를 낸 셈이었다.

'세상은 이렇게 바뀌고 있는데, 나는 왜 과거 교수님들과 동일한 모습일까?' 싶어서 그 사건 이후에는 이제 수업 시간에 스마트폰을 꺼내서 카메라로 찍어도 제재하지 않는다. 그리고 세상의 변화에 발맞추기로 결정했다. 이제 그런 일이 너무 당연하고 보편화된 시대이기 때문이다. 벌써 이 일이 6년도 더 지난 일이다.

지금은 더 달라졌다. 예전에는 학생들이 무거운 전공책을 여러 권 가지고 다녔고, 매번 그렇게 가지고 다니는 게 힘들어서 학교 사물함에 보지 않는 책은 넣어놓고 수업에 사용하는 책을 꺼내곤 했다. 그런데 지금 수업에서는 거의 절반 넘는 학생들이 종이책 대신 태블릿 PC를 꺼내 수업을 듣는다. 어렸을 때부터 워낙 인강(인터넷 강의)이 익숙한 학생들은 모르는 부분은 반복해서 돌려보고, 잘 아는 부분은 2배속으로 들으며 시간을 절약하기도 한다.

교수가 연구를 하기 위해서는 설문 조사를 많이 하는데, 과거에는 종이 설문을 받아 일일이 엑셀에 입력하고 변수를 변환하고 통계를 돌리고 표를 그렸다. 지금은 구글 폼(Google Forms) 같은 온라인 폼을 이용해 설문지를 작성하고 링크를 공유하고, 조사 대상자들이 PC나 스마트폰 터치로 답변을 입력하면 프로그램에서 자동으로 통계표가 정리되고 그래프까지 그려진다. 또 질적 연구 시에는 대상자의 인터뷰를 텍스트로 정리해야 하는데, 과거에는 인터뷰 내용을 여러 번 돌려 들으면서 일일이 타이핑을 쳤지만 지금은 네이버 클로바 같은 인공지능 플랫폼을 이용하면 몇 초 만에 몇 시간짜리 인터뷰가 자동으로 텍스트로 정리된다.

이제 말만 하면 검색이 되고 말만 하면 대답을 하는 시대다. 그러나 이러한 새로운 기능을 모르는 사람들은 여전히 수작업으로 업무를 하고 있는 상황이다. 프로그램에 어느 메뉴가 있는지도 잘 모르거니와 단축키나 자동백업 기능도 모르니 버튼을 잘못 눌러 파일이 날아갈까 봐 염려해서 프로그램을 제대로 사용하지도 못한다. 이런 교수자가 Z세대를 가르치고 있고, 이런 관리자가 Z세대를 지도하고 있다.

Z세대는 답답하다. 왜 빠른 길이 있는데 저렇게 아날로그를 고집하는지, 효율적으로 많은 일을 할 수 있는데 왜 아직도 비효율적인 시스템을 개선하지 않는지 알 수 없어 한다. 이제 Z세대가 '더 더 더' 빠르게 닥쳐올 것이다. 이들이 중심이 되는 세상, 이들이 리드하는 간호계를 준비해야만 한다. 그리고 무조건 옛

것이 좋은 것이라고 과거 시스템을 강요하지 말고 요즘 것이 얼마나 좋은지, 그것을 활용하면 얼마나 더 윤택해질 수 있는지 객관적으로 바라봐야 한다. 그것이 빠르게 변하는 세상에서 도태되지 않는 길이다.

새로운 시대,
세상은 급변하고 있다

세상은 빠르게 변하고 있다

최근 삼성전자가 직급별 승진 연한을 없애고 30대 상무 4명, 40대 부사장 10명을 발표했다. LG에서도 30대 상무를 선임했고, 카카오도 만 30세 젊은 교수를 사외이사로 선임했다. 변화와 혁신을 선도하는 기업이니까 그럴 수 있다고 생각할지 모르겠지만, 이러한 현상은 기업에서만 벌어지는 것이 아니다. 정치계에서도 2030이 활발히 활동하고 있다.

기존 정치 세력의 기득권을 깨는 것이 얼마나 어려운지는 말하지 않아도 모두 알 것이다. 초선보다는 재선, 재선보다는 3선 국회의원의 힘이 막강하다는 것도 말이다. 그런 정치판에서 젊은 청년이 앞장서서 일하는 것은 정치권에서도 젊어지려는 노력이 분명히 있기 때문일 것이다. 언론에서도 MZ세대를 공부하고 있으며 어르신들도 젊은이들을 이해하기 위해 노력한다. 왜 기업, 정치, 방송 등 사회 전반에서 젊은 인재를 원하는가? 이는 4차 산업혁명을 기점으로 세상이 빨라도 너무 빠르게 변화하고 있기 때문이다.

21세기가 들어서면서 사람들은 가만히 있으면 도태된다고 말했다. 그래서 변화하는 조직을 따라가기 위해 애썼고, 그렇게 따라만 가도 절반은 성공할 수 있었다. 그러나 4차 산업혁명 시대에서는 변화를 추구하며 노력해도 도태되는 시대다. 변화하는 조직을 따라가도 이미 늦는 경우가 많고, 변화가 너무 빨라서 도저히 따라갈 수 없어 포기하는 조직도 생겨났다. 애초에 변화하지 않겠다고 선포하면서 전통을 강조해도 남들과 차별성이 없으면 실패하고, 트렌드를 읽지 못하면 그 변화의 시도가 무용지물이 되기도 한다.

60년 전통 맛집이, 이발관이 역사 속으로 사라진다. 실시간 교통 정보를 알 수 있으니 무작정 버스와 지하철을 기다리지 않아도 되고, 택시를 잡기 위해 힘들게 서 있지 않고 주변에서 바로 택시를 호출할 수 있다. 세상은 점점 더 빠르게 변하고 있다.

전화기만 봐도 알 수 있다. 예전에 전화기는 전화 용도 그 자체로만 이용되었다. 물론 몇몇 부유한 사람들은 전화기를 인테리어용으로 비치했을지 모르겠지만, 한번 구입한 전화기는 망가지지 않으면 버리지 않고 오랫동안 제구실을 했다.

현재 우리가 사용하는 스마트폰은 다르다. 고장이 나지 않아도 수시로 바꾼다. 단순히 스마트폰 기능으로서의 역할보다 그 이상의 의미가 있기 때문이다. 패션 스타일의 하나로 보기도 하고, 사진 촬영, 음악 감상, 노트 필기 등 사용상 편의에 따라 스마트폰을 고르기도 한다. 사람의 성향을 파악하는 용도로도 사용되는데, 사람들은 애플 아이폰과 삼성 갤럭시를 쓰는 사람, 구형폰을 오래 사용하는 사람과 신형폰으로 자주 바꾸는 사람을 구분하며 판단하고 평가한다. 나는 편의상 LG폰을 썼는데, 내 폰이 LG폰이라는 것을 알면 사람들이 왜 LG폰을 쓰는지 궁금해해서 이에 대한 답을 여러 번 하기도 했다.

기존 티비 프로그램 외에도 유튜브(Youtube), 넷플릭스(Netflix), 웨이브(Wavve), 티빙(TVING), 왓챠(Watcha) 등 온라인 스트리밍 서비스를 통해 수많은 영상을 언제 어디서나 볼 수 있다. 그만큼 동영상에 대한 접근성이 높아졌다. 그래서 MZ세대는 동영상을 많이 보기도 하지만 오래 보지는 않는다. 20분 이상 넘어가면 슬슬 다른 콘텐츠로 바꾼다. 만약 긴 동영상을 억지로 봐야 하는 경우가 있다면 빠른 배속을 설정해 빨리 보고, 중요하지 않다고 생각되는 장면은 건너뛴다.

판도가 바뀐 간호사 채용 시장

과거에는 대학 졸업장만 있으면 대기업에도 어렵지 않게 취업하던 시절이 있었다. SKY 출신이라고 하면 학점도 보지 않고, 지도교수가 우수한 학생이라고 추천해 주면 기업에서는 그냥 뽑기도 했다. 그러다가 대학 졸업장 못지않게 우수한 학점이 중요해지더니 나중에는 글로벌 인재에 대한 요구가 높아지면서 토익, 토플 등의 영어 성적이 취업 시장에 영향을 미치게 되었다.

지금은 수많은 자격증, 인턴십 경험, 해외 연수, 논문 실적, 봉사 활동 등을 이력서에 빼곡하게 작성해야 겨우 서류가 통과될까 말까 하고, PT 면접, 토론 면접, 인성 면접, 실무 면접 등 다양한 면접을 거쳐야 취업이 가능하다. 그래서 학생들은 대학 생활 외에도 영어 공부, 각종 대외 활동 등을 활발하게 한다. 또 이러한 스펙을 쌓기 위해서 영어 학원, 스피치 학원, 면접 코칭, 입사 지원서 첨삭 등의 사교육을 받고 이 모든 것을 감당하기 위해 틈틈이 아르바이트도 한다.

간호사 채용 시장도 비슷하다. 과거에는 석차 정도로만 평가했지만, 요즘에는 자체 필기시험, 실기시험, 직무적성검사, 실무진 및 임원진 면접 등 다양한 과정을 거쳐야 한다. 영어 점수와 관련 자격증도 요구하고 있기 때문에 이러한 스펙을 쌓기 위해 간호대학생들도 무던히 노력하고 있다. 이렇게 힘든 취업 시장을 뚫고 취업에 성공하면 일반 간호사로 근무하게 된다.

의료기관에서 준수해야 하는 간호사 법정 정원 기준에 간호사 경력이 반영되지 않기 때문에 간호사는 타 조직에 비해 연차에 따른 보상이 낮다. 그러다 보니 병동, 응급실, 수술실 등의 간호 단위에서는 수간호사를 제외하면 전부 다 일반 간호사다. 즉, 아무리 오랜 시간 일을 열심히 잘 하더라도 그 병동에서 한 명만 승진해 관리자가 될 수 있는 구조다. 물론 책임간호사, 주임간호사 등의 직책을 부여하는 병원도 있다. 그렇다 하더라도 관리자가 아닌 실무자 급에서 연차가 높은 간호사를 지칭하는 것에 불과한 경우가 많아서 실제적인 관리자는 수간호사 한 명뿐이라고 볼 수 있다.

수간호사 및 교수가 되는 것은 좁고 험한 길

요즘 병원에서 간호사가 수간호사로 승진하려면 최소 40대는 되어야 한다. 30대에 승진하는 경우도 간간이 있지만 특별한 경우에 해당하고, 그래 봐야 30대 초반은 어렵고 30대 후반쯤은 되어야 한다. 어쨌든 간호사가 관리자가 되려면 최소 임상 경력이 15년 이상은 되어야 하는 것이다. 당연히 나이가 좀 있어야 관리자를 할 수 있다고 생각할 수도 있지만, 수간호사 나이가 이렇게 많아진 것은 불과 얼마 되지 않았다. 1960~1970년대만 해도 간호학과를 졸업하고 1~2년만 지나도 수간호사를 할 수 있었다.

20대에 수간호사가 될 수 있었던 것이다.

만약 간호사가 병원에 남지 않고 간호학과 교수가 된다고 한다면, 요즘에는 임상 경력 최소 3년과 박사 학위가 있어야 가능하다. 임상 경력을 갖추고 박사 학위를 받기까지는 최소 10년 이상의 긴 시간이 필요하다. 타 학문은 사회 경험이 없다 하더라도 우수한 연구 실적만 있으면 빠르게 교수가 될 수도 있지만, 간호학에서는 반드시 임상 경력과 박사 학위를 요구하고 있기 때문에 신임교수로 임용되는 교수들의 나이도 다른 학문에 비해 적지 않다. 그러나 1980~1990년대만 해도 4년제 간호학과를 졸업하면, 전문대학의 간호과 교수가 될 수 있었다.

정리하면 과거에는 20~30대에 수간호사 및 교수가 될 수 있었지만 지금은 어렵다. 관리자와 교수의 나이가 많다는 것이 무슨 문제냐고 생각할 수 있지만, 크게 다음과 같은 2가지 문제가 있다.

아무리 열심히 노력하고 실력을 갖춰도 어리면 승진이 불가능하다

틀에 박힌 꼰대적 사고방식의 리더가 조직을 망가뜨린다는 것은 이제 전 세계 누구나 알고 있는 사실이다. 연공서열이 조직 성과에 도움이 되지 않는다고 생각하는 많은 조직에서 직급과 연차에 상관없이 능력 있는 젊은 인재를 주요 자리에 배치하면서 미래 경쟁력을 확보하고 있다. 특히 빠르게 변화하고 있는 트렌드와 코로나19 등으로 인해 불확실한 미래를 대비하기 위해 나이와 연차에 무관하게 역량 중심으로 인사를 개편하고 일하고 싶은 조직 문화를 만들어서 성과를 낸다. 하지만 아직까지 병원의 간호 조직에서는 상상도 할 수 없는 동화 같은 이야기다. 어린 간호사들은 아무리 최선을 다한다고 하더라도, 나이가 많은 간호사보다 조직 충성도가 높고 뛰어난 리더십을 갖추고 있다고 하더라도 승진할 수 없는 구조로 고착되어 있다.

젊은 간호사들이 목소리를 낼 수 있는 공식 채널이 없다

병원에서 중요한 의사결정을 할 수 있는 위원회 구성에는 관리자급 임원들로 채워져 있기 때문에 일반 간호사들은 병원의 정책과 의사결정에 발언을 할 수 없다. 언론에서도 병원 내부에서도 만연한 간호사 '태움' 문제를 반드시 해결해야 한다고 목소리를 높이고 있지만, 실제 간호사들의 이야기는 듣지 않는다.

앞서 언급했듯이 빠르게 변하는 세상에서 태어나 자란 사람들이 늘어나고 있다. 다시 말해 환자들도 젊어지고 있다는 것이다. 변화되는 시대에서 환자들을 대응하기 위해 남들이 하는 전략을 사용하면 이미 늦었다. 젊은 간호사의 이야기를 들어야 하고, 조직을 완전히 혁신해야 한다.

준비된 병원과 MZ세대 간호사들에게는 새로운 기회다

간호사 채용 시장의 부익부 빈익빈

병원은 간호사 구하기가 하늘의 별따기보다 어렵다고 한다. 세상은 취업하기 힘들다고 하지만, 간호사들은 오늘 병원을 그만둬도 내일 당장 다른 병원에 취업할 수 있다. 지금도 수많은 병원에서 간호사 채용 공고를 올리고 있다. 병원 측에서는 요즘 간호사들은 끈기가 부족해서 힘든 일을 견디지 못하고 쉽게 그만둔다고 한다. 하지만 그 와중에도 간호사들이 서로 가고 싶어 하는 병원이 있다. 왜 대부분의 병원들이 간호사를 못 구해서 난리인데, 어느 병원에는 간호사들이 경쟁적으로 가려고 하는 것일까? 간호사들은 병원을 고를 때 채용 공고가 자주 올라오는 병원은 거른다. 그만큼 사직이 잦고 무슨 문제가 있으니 간호사들이 그만둔다고 생각한다. 반대로 채용 공고가 흔하지 않은 병원에는 한번 공고가 뜨면 서로 앞다퉈 지원한다. 이것이 포인트다. '부익부 빈익빈'이 간호사 채용 시장에서도 적용된다. 왜 잘되는 병원은 간호사들을 구하기도 쉽고 우수한 인재들이 몰리고, 그렇지 않은 병원은 간호사 구하기가 어렵고 힘들게 구한 간호사들이 쉽게 그만두는가.

간호사들이 선호하는 병원 vs 싫어하는 병원

간호사들이 가고 싶어 하는 병원의 조건은 간단하다. 간호사에게 투자를 아끼지 않는 병원이다. 여기서 투자는 연봉, 복지, 교육, 인정, 워라밸의 5종 세트로 요약된다.

연봉

어디서나 병동 간호사가 하는 일은 비슷하다. 업무량의 차이는 다소 있겠지만, 대체로 하는 일 자체는 크게 다르지 않다. 그렇게 때문에 조금이라도 연봉이 높은 곳을 선호할 수밖에 없다. 병원의 경영 상태에 따라서 인건비를 무조건 많이 책정하기는 어렵겠지만, 그렇다고 하더라도 간호사 면허증에 준하는 연봉은 필수적이다. 간호사 면허증 소지자와 그렇지 않은 직원과의 월급 차이가 없거나, 타 병원과 비교해서 평균 이하의 연봉을 주는 병원에 간호사들이 갈 리 없다. 최소한 전문직으로서 간호사를 존중하는 것이 연봉에 나타나며, 그 존중이 있는 병원에 간호사들이 몰리는 것은 당연하다.

병원에 따라 규모가 작거나 개설한 지 얼마 되지 않아 재정적으로 넉넉하지 못하면 다른 병원만큼 연봉을 주기 어려울 수 있다. 이런 경우는 연봉을 뛰어넘는 미래 가치를 부여해 주는 것으로 부족한 연봉을 보완할 수 있다. 대기업 합격을 포기하고 가능성을 보고 스타트업 취업을 선택하는 사람들처럼, 마땅히 인생을 걸 만한 가치가 있는 병원이라면 간호사가 마다할 이유가 없기 때문이다. 현재 병원 살림이 어려워 당장의 보상을 줄 수 없다 해도, 추후 사정이 나아졌을 때 병원 성장에 기여한 간호사들에게 합당한 보상을 하는 것을 명문화하는 것도 방법이다. 중요한 것은 돈 자체가 아니라 간호사의 가치를 인정하는 방식이다

복지

복지라고 해서 거창한 복지를 제공해야 한다는 것이 아니다. 최소한 의식주에는 신경을 써야 한다. 간호사들이 환자 밥을 챙기느라 본인들은 굶고, 심지어 화장실도 제대로 못 가서 방광염을 달고 사는 것을 알고 있을까? 하루 종일 서서 일하느라 생기는 하지정맥류, 하루에 수십 번의 손 소독과 각종 약물로 인한 피부염, 교대 근무로 인한 불면증 등 이러한 간호사 직업병을 고

려한 복리후생 지원이 뒤따라야 한다. 또 일반 회사와 다르게 승진 체계도 명확하지 않으므로 승진에 따른 직책 수당도 없으니, 경력을 고려한 지원이 있어야 한다. 일반적인 복지 제도로 기숙사, 학비, 보수교육비, 자격증 취득, 야식 및 간식, 진료비 감면 등을 지원하는 것이 보편적인데, 이마저도 갖추지 못한 병원들도 꽤 있다. 최소한 다른 병원만큼은 복지 지원이 있어야 간호사들의 사기가 저하되지 않는다.

간호사들이 선호하는 병원에는 이외에도 스포츠 시설(헬스, 수영, 필라테스 등), 전문심리상담서비스, 해외 연수, 본인 및 가족 진료비 지원, 자녀 어린이집, 콘도 및 휴양 시설 등 병원을 위해 수고를 아끼지 않는 직원들을 위한 복지 혜택이 다양하다. 병원에서 이러한 복지 혜택을 제공하는 것이 아직 어렵다면 하다못해 근무복이라도 간호사들이 편하고 전문성을 느낄 수 있는 복장으로 바꿔주는 사소한 노력이라도 있어야 한다.

교육

인기 좋은 병원은 간호사들이 자기계발을 하고 실력을 쌓는 것을 지원해 준다. 대학원 진학 시 학비를 지원하거나 자격증 취득 비용, 보수교육 비용을 지원해 준다. 우수한 인재가 조직을 얼마나 강하게 만드는지 알고 있기 때문에 인력에 투자하는 것이다. 결국 조직의 미래는 사람에 달려 있으므로 자기계발을 통해 실력을 갖춘 간호사들이 병원을 탄탄하게 만들 것이고 위기 상황에서도 대처 능력을 발휘하게 된다.

반면에 인기 없는 병원은 어차피 그만둘 인력이라며 간호사에게 투자하지 않는다. 이러한 사고 자체가 간호사를 곧 그만둘 사람으로 보는 것이다. 말하는 대로 이루어진다는 말이 있다. 이는 사람에만 적용되는 말이 아니다. 조직에서 간호사를 어차피 곧 그만둘 사람, 우리 병원에 오래 다니지 않을 사람으로 보고 있는데 어떻게 간호사들이 오래 일할 수 있을까.

간호사들이 쉽게 그만둔다고 고민하고 있을 시간에, 간호사들이 그만두지 않을 것이라고 믿고 그들을 인재로 키워내면 그 보답이 병원에 돌아올 것이다. 실제로 이러한 병원에는 간호사들이 사직하고 다른 병원에 갔다 하더라도 다시 돌아온다.

인정

간호사가 없는 병원은 존재하지 않는다. 다시 말하면 간호사는 병원의 필수요소다. 능력이 있는 간호사이든 능력이 없는 간호사이든 오래 다니는 간호사이든 짧게 다닌 간호사이든 확실한 점은 병원에 반드시 간호사가 있어야 한다는 것이다. 실제로 병원 건물을 크게 지었지만 간호사 수가 부족해서 병동을 전체 다 운영하지 못하는 곳도 있다. 간호사가 없으면 병원을 운영할 수도 없다는 뜻이다.

그렇다면 병원 입장에서는 어느 간호사가 가장 중요한 간호사일까? 똑똑한 간호사? 친절한 간호사? 헌신적인 간호사? 정답은 우리 병원 간호사다. 아무리 재주가 많고 뛰어난 간호사라 하더라도 우리 병원 간호사가 아니면 그게 무슨 의미가 있겠는가. 그래서 능력 있는 간호사를 구하는 데 애쓰기 전에 지금 우리 병원에서 일하고 있는 간호사를 가장 소중하게 여겨야 한다. 그리고 그들의 사기가 저하되지 않도록, 하는 일에 대해 인정을 아끼지 않아야 한다.

몇 년 전에 남자 간호사를 대상으로 연구를 진행하면서 남자 간호사들을 인터뷰한 적이 있었다. 그중 한 남자 간호사가 "친구가 회사에서 승진을 해서 축하해 주러 친구들 모임에 갔는데 저에게 왜 아직도 일반 간호사냐고 묻더라고요"라고 언급한 말이 인상 깊다. 그렇다. 일반 회사에서는 시간이 흐르면서 직원이 주임, 대리, 과장, 차장, 부장 등의 직급으로 승진을 하고 거기에 걸맞는 대우를 받는다. 하지만 병동에 근무하는 간호사는 수간호사 아니면 모두가 다 일반 간호사다.

요즘에는 15년 이상은 근무해야 수간호사로 승진할 수 있는데, 수간호사가 되지 못하고 그 전에 퇴사한다면 인생에서 승진 한 번 못할 수도 있는 것이다(물론 규모가 작은 병원은 그 전에 수간호사가 될 수도 있겠지만 일반적으로 종합병원 이상의 병원에서 수간호사가 되려면 많은 경력이 필요하다). 이렇듯 간호사는 승진이 희귀한 특수 직군이다 보니 일반 회사원들이 승진을 하거나 보직을 맡으면서 느끼는 만족감을 경험하지 못한다. 이런 부분에서 오는 속상함과 자존감 저하는 결국 간호사 직업 자체의 불만족이 될 수 있기 때문에, 다른 부분에서 프라이드를 높일 수 있는 전략이 필요하다.

이를 위해서 일부 병원에서는 간호사가 신규로 입사하면 병원장이나 간호부장이 부모님에게 꽃과 함께 감사 편지를 보내기도 하고, 적응 후 100일 또는 1년이 지나면 간호사 백일잔치나 돌잔치를 열기도 한다. 또 웰컴키트, 간호사 명함 등을 제공하고 우수 간호사를 선정해 시상하는 등의 전략이 필요하다.

워라밸

'가화만사성'이라는 말이 있다. 가정이 화목하면 모든 일이 잘 된다는 뜻으로, 바깥일보다 가정의 평안함이 우선이라고 해석할 수 있다. 이렇듯 사람들은 살고 있는 가정과 생활에서 큰 문제가 없으면 마음이 평안하니 직장에서도 더욱 일에 몰두할 수 있게 된다. 간호사들은 병원에서 간호사이면서 가정에서는 자녀, 배우자, 부모로서의 역할을 한다. 그런데 가정에 문제가 생겨 부모님이 아프다든지, 배우자와 갈등이 심하든지, 자녀가 사고를 치거나 속을 썩이는 상황이 있다고 한다면 당연히 일에 집중하기는 어려운 상황이 된다. 일을 하면서도 가정 걱정으로 마음이 복잡하고 생각이 많아진다.

가정의 문제를 빨리 해결하고 일상을 회복해 평안하게 살아가길 원하지만, 대부분의 직장인이 그러하듯 간호사 역시 가정보다 일터에서 보내는 시간이 길기 때문에 빠른 시간에 개인적인 일을 처리하는 것이 어렵다. 개인적인 어려움을 감당해야 하는 시간이 길어지거나, 힘든 일이 여러 번 반복된다면 '일은 잘해서 뭐 하나, 직장을 다니면 뭐가 남나' 하는 근본적인 회의감에 빠지기도 한다. 결국 일을 열심히 하고 돈을 버는 것도 나와 가정이 행복해지길 바라는 마음의 연장이기 때문이다.

따라서 병원에서는 간호사들을 단순히 일하는 직원으로 생각하지 말고 그들이 마음을 다해 평안하게 업무에 집중할 수 있도록 도와줄 필요가 있다. 간호사의 집중력이 곧 병원의 '동력'이자 뿌리가 되기 때문이다. 나이가 어리고 미혼인 경우 집이나 차가 없는 경우도 많으므로 미혼 간호사들에게는 기숙사, 통근버스 등을 제공하고, 기혼 간호사들에게는 육아, 자산 증식, 경력 관리 등 실질적으로 삶에 도움이 되는 것을 제공해야 한다.

과거에는 가정이 뒷전이더라도 사회에서 인정을 받아 이름을 널리 알린다면 그것만으로도 가문의 영광이자 집안의 명예로 여겼다. 이제는 개인 삶이 행복해야 조직에게 행복을 가져다줄 수 있는 시대다. 새로운 시대에 맞는 전략으로 간호사를 확보해야 한다.

MZ세대 간호사 구출 작전

간호사가 되려는 이들은 누구일까

요즘같이 취업이 어려운 시기에 사람들은 취업이 잘되는 보건의료계열 학과에 많은 관심을 보인다. 그중에서도 간호사는 병원에서 가장 많은 인력을 차지하기 때문에 병원에서 일하기 원하는 사람들 중 많은 사람들이 간호학과 진학을 희망한다. 그래서 일부 사람들은 간호학과에 진학하는 학생들이 취업의 수월성 때문에 간호학과에 진학했을 것이라고 말하기도 한다. 하지만 완전히 잘못된 이야기다. 수년간 학생들을 지도하면서 느끼는 것은, 절대 취업이 잘된다는 이유만으로는 간호학과에 진학하지 않는다는 사실이다.

간호학과에 진학하는 학생들은 취업이 잘되기 때문이든 주변

지인이나 부모님의 권유든 그 어떠한 이유로 간호학과에 진학을 했는지와는 무관하게 적어도 남을 돕겠다는 선한 의도가 있는 사람들이다. 남을 돕는 것에 관심이 없거나 사람을 계속 마주하며 이들을 보살피는 일이 불편한 사람은 억만금을 주더라도 간호사가 될 수 없다.

전공 선택을 고민하는 고등학생들에게 진로 상담을 하다가 간혹 간호학과를 추천하면 절대 싫다고 하는 학생들이 있다. 이들은 하루 종일 아픈 사람을 보는 것이 싫고, 환자의 피와 살을 보고 만지는 것이 싫고, 계속 자신에게 무언가를 요구하는 사람을 보살피는 것이 불편하다고 말한다. 바꿔 말하면 적어도 환자들을 돌보는 것을 평생 직업으로 삼아도 괜찮다고 여기는 학생들이 간호사라는 직업에 관심을 갖고 간호학과에 진학하는 것이다.

세상은 점점 각박해지고, 요즘 젊은 사람들은 남 일에 관심이 없다고들 한다. 이렇게 인간미가 사라져가는 시대에도 다른 사람을 돕고자 결심하는 따뜻하고 선한 마음을 갖고 있는 이들이 간호학과 학생들이다.

'태움'은 문화가 아니다

간호학과 학생들은 졸업 후 간호사가 되고, 간호사 중 상당히 많은 간호사들은 '태움'이라는 괴롭힘에 상처받고 간호직을 떠난다. 심지어 이 상처를 극복하지 못하고 자살하는 경우도 있다는 것을 종종 언론에서 볼 수 있다. '태움'이라는 단어는 간호계에서 쓰이는 은어다. 불로 활활 태우는 것처럼 선배 간호사가 후배 간호사의 영혼이 재가 될 때까지 괴롭힌다는 의미다. 세상의 많은 고통 중에 불에 타는 고통은 상상조차 할 수 없는 고통인데, 간호사들은 후배 간호사를 지지고 태운다. 도대체 뭐가 문제일까?

내가 확실하게 말할 수 있는 하나는 태움이 '개인의 문제'는 아니라는 점이다. 한 명의 문제였다면 태움이라는 은어가 생기지도 않았을 것이고 간호사 이직률이 높지도 않았을 것이다. 개인의 문제가 아니라면 분명 조직 차원의 문제라는 것이다. 즉, 우리나라 간호사 직업의 구조적인 부분에 문제가 있는 것이다. 건강보험 수가가 비현실적인 부분, 간호사 인력 배치가 충분하지 않은 부분, 교대 근무하면서 밤새 일하는 구조 등 말하자면 셀 수 없을 많은 문제들이 산적해 있다.

하나의 문제가 아니기 때문에 빨리 해결할 수도 없고 누구도 해결하지 못하고 있다. 이 태움을 해결하려면 차근차근 하나씩 시간을 갖고 해결하면서 관련된 모든 구조를 새롭게 구축해야 한다. 이렇게 시간도 오래 걸리고 비용도 많이 드는 문제를 한 개인이나 한 병원의 노력으로 해결할 수는 없다. 그래서 어제도 오늘도 계속 간호사들은 힘들고 지치고 서로를 태우며 상처받고 떠난다.

간호사 스스로의 자구책이 필요하다

각박한 세상에서 따뜻함을 간직한 간호학도들을 더 이상 잃지 않기 위해서는 구조적인 문제가 해결되기만 바랄 수는 없다. 앞서 말했듯 구조적인 부분은 국가적 차원에서 정책적으로 국민적 공감대를 얻으면서 시간을 많이 갖고 해결해야 하는 부분이다. 간호사들의 노력만으로는 절대적으로 불가능하다. 그래서 간호사들은 간호사들이 할 수 있는 일을 해야 한다. 누가 우리를 도와줄 거라고 생각하지 말고 스스로 변화하고 서로 도와야 한다. 지금 같은 시스템에서는 간호사들의 무단결근, 사직, 태움으로 인한 정신질환, 자살 등이 사라지기는커녕 점점 늘어날 가능성이 많다.

신규 간호사들에 대해 '요즘 애들은 참을성이 없다', '끈기가 없다', '본인이 싫으면 그만둬라'라는 생각을 갖고 있다면 절대 이 문제를 해결할 수 없다. 자녀가 부족하고 부모 말을 잘 따르지 않는다고 해서 포기하거나 집 밖으로 쫓아내지 않는 것처럼, 우리 병원에 내가 일하는 병동에 온 신규 간호사를 포기하지 않고 안아주고 격려해줘야 한다. 굉장히 식상한 말이지만, 간호 조직에는 이 식상하고 오래된 격언이 매우 필요하다. 간호사들의 업무 자체가 스피드를 요구하고 지금 즉시 처리해야 하는 것들이기 때문에 이러한 업무 속에서 나도 모르게 사람을 인격적으로 대하지 못하고 빠르고 즉각적으로 대할 수 있다. 그래서 세상이 두렵고 사회 생활이 무서운 신규 간호사들은 낯선 시스템에서 사랑받지 못한다고 생각하고 낙심하고 간호계를 떠나게 된다.

임상 현장을 버티는 것은 정신력

'성적이 뛰어나고 학교 생활에 적응을 잘하는 학생들이 졸업 후 멋지고 당당한 간호사가 될 것이다.' 어찌 보면 상식에 가까운 말이다. 과연 사실일까? 실제로 학교에서 두각을 나타내는 학생들이 간호사로서 잘 버텨낼까?

내가 간호학과 학생일 때만 해도 저 말이 맞는 줄 알았다. 너무나 상식적이고 이치에 마땅한 말이니까. 그런데 간호사가 된 후에 보니, 학교에서 우수했던 동기, 선·후배들이 생각보다 병원 간호사로 자리 잡지 못하는 경우가 있었다. 오히려 학교 다닐 때 티도 잘 나지 않았던 학생들이 의외로 병원 현장에서 능력을 발휘하는 모습을 많이 보게 되었다. 이때만 해도 그럴 수도 있다고 생각했다. 그런데 교수가 되고 보니 정말로 성적이 우수하고 학교 다닐 때 칭찬을 많이 받아 좋은 간호사가 될 것이라고 기대를 한 몸에 받던 학생들이 병원에 취업해서는 적응하지 못하고 그만두는 경우를 무수히 보게 되었다.

그만두는 졸업생들을 상담하면서 알게 된 공통점이 있다. 학교 다닐 때 교수, 동기뿐 아니라 임상 실습지에서조차 인정받았던 학생들은 훌륭한 간호사가 될 것이라는 칭찬을 많이 받는다. 스스로도 훌륭한 간호사가 될 것이라고 자신한다.

그러나 임상 현장은 녹록지 않다. 아무리 우수한 학생이라도 신규 간호사가 되면 누구나 처음 하는 일이기 때문에 모르는 일이 태반이고 또 그로 인해 혼나는 일이 비일비재하다. 그 과정에서 상처를 받고 스스로에게 실망하고 자존감이 바닥을 친다. 썩 괜찮은 '간호꿈나무'라고 생각했는데, 간호사가 된 나는 병동에서 무가치하고 선배 간호사들에게 민폐만 끼치는 잡초가 된 것 같다는 생각을 하게 된다.

칭찬과 인정받았던 학생들의 특징은 누가 뭐라고 하든 열심히 한다는 것이다. 정말 최선을 다한다. 그런데 임상에서는 최선을 다하는 과정보다 결과가 중요할 때가 많다. 환자를 아무리 사랑하고 진심을 다했다 하더라도 실수 한 번에 상태가 나빠지고 죽을 수도 있다. 또 환자와 보호자에게 잘하려고 최선을 다해도 환자와 보호자들은 나의 진심을 몰라주고 못마땅해하며 불평하는 경우도 많다.

우수한 간호대학생이 패배한 간호사로

임상 현장에서 이런 과정을 거치다 보니 학교 다닐 때는 훌륭한 학생이 아니었지만 어떤 부정적인 말에도 상처받지 않고 흔

들림 없이 무심한 간호사들이 의외로 더 적응을 잘한다. 학교 다닐 때 자신보다 부족했던 동기들이 멋진 간호사로 성장해나가는 모습을 바라보는 간호사들은 다른 간호사들과 비교하면서 자신의 잘못을 파악하고 어떻게 개선해야 할지 끊임없이 고민한다.

그 과정에서 자신을 미워하고 원망하게 된다. '나는 왜 이 모양일까', '그때 나는 왜 이렇게 했을까', '나는 왜 실수를 할까'라고 생각하다가 점점 '내 성격은 왜 이럴까', '나는 왜 태어났을까'라는 생각으로까지 치달으면서 정신적으로 와르르 무너지게 된다. 더 이상 버텨낼 상황이 아니게 되면 어쩔 수 없이 퇴사를 선택한다.

훌륭하고 유능한 인재가 병원에 적응하지 못하고 퇴사하는 것은 간호계와 병원에서도 큰 손실이다. 그런데 더 큰 문제는 신규 간호사들이 병원 한 곳을 그만두는 게 아니라는 데 있다. 한번 상처받은 신규 간호사들은 이제 병원이라면 지긋지긋하고 겁이 난다. 병원 자체가 트라우마가 된 것이다. 다른 병원에 입사해서 같은 일이 반복되지 않으리라는 보장이 없기 때문에 또 다른 병원에 도전하는 게 겁이 난다. 이미 한번 그만둔 것으로 부모님과 교수님들에게 민폐를 끼친 것 같은 데다 스스로도 자존감을 바닥을 치게 되었는데, 비슷한 일이 반복되어 그만두게 된다면 주변에서 자신을 어떻게 생각할지 고민스러워진다.

결국 병원이 자신과 맞지 않다고 생각해서 아예 병원을 안 가는 일이 벌어진다. 병원 간호사로서의 꿈을 포기하고 공무원을 준비하거나, 아예 간호 쪽은 쳐다보지도 않고 진로를 바꾸는 경우도 있다. 공무원이 천직이고 반드시 하고 싶었던 일이라면 공무원 시험을 준비해서 공무원이 되는 것도 방법이겠지만, 회피성으로 공무원 시험을 준비하는 경우에는 공부에 집중하는 것도 쉽지 않다. 또 한 번에 공무원이 되지 못하면 수험 기간만 무한정 늘어나기 때문에 또 패배 의식과 죄책감을 맞이해야 한다. 이는 궁극적으로 대한민국 간호의 수준에도 부정적인 영향을 미치기 때문에 국가 차원에서도 문제가 크다고 볼 수 있다.

우수한 간호대학생을 훌륭한 간호사로 만들기

이제 우수한 간호대학생들이 우수한 간호사로 잘 정착해 전반적인 간호의 수준을 높일 수 있도록 모두 함께 힘을 모아야 한다. 이를 가능하게 하기 위해 학교와 병원, 간호사 본인이 갖춰야 하는 마음가짐과 자세가 있다.

대학: 학생을 똑바로 바라볼 줄 아는 시야를 확보해야 한다

교수들은 학생 성적이 우수하고 학교 생활에 별 문제가 없다고 해서 간호사로 적응을 잘하는 것이 아니라는 점을 알아야 한다. 우수한 학생일수록 자신의 약점을 교수에게 꺼내 놓는 것을 어려워할 수 있으므로 겉으로 괜찮아 보이는 학생이더라도 어려워하고 고민하는 부분을 파악해서 세심하게 지도해야 한다.

또 좋은 병원에 취업한 학생들은 본인의 퇴사로 인해 후배들이 피해를 받지는 않을까 하는 걱정도 함께 하게 된다. 따라서 학교 당국은 졸업생들이 퇴사한다는 사실 하나로 당사자를 비난할 수는 없으며 누구에게라도 퇴사의 이유는 얼마든지 합당하게 존재한다는 것을 학생과 졸업생에게 인지시켜야 한다. 오히려 절대 그만두지 말라고 교육할 것이 아니라, 왜 그만두는 것인지 스스로 합리적으로 판단할 수 있도록 돕고, 만약 그만둔다고 하면 퇴사 시 매너를 잘 지키며 예의 바르게 그만두는 방법을 교육해야 한다.

병원: 신규 간호사가 성장할 때까지 기다려줘야 한다

간호부에서는 신규 간호사들이 첫 발령 받은 병동이 성향과 안 맞을 수 있다는 것을 감안해서 병원 여건이 된다면 한 번 정도는 병동을 옮겨줄 수 있도록 한다. 한 신규 간호사는 왼손잡이임에도 불구하고 병원에서 수술실 발령을 강행해 수술실 적응에 어려움을 겪었다. 신규 간호사가 병동을 바꿔달라고 하자 왼손잡이인 사실을 미리 이야기하지 않고 이제 와서 그런 말을 하느냐고 하며 해보지도 않고 유난을 떤다는 식으로 대해서 그 간호사는 결국 그 병원을 그만두게 되었다.

신규 간호사가 병원이나 병동과 성향이 맞지 않아 그만둘 수 있다는 점을 충분히 인지하고 비난하는 일이 없도록 해야 한다. 물론 경력 간호사들 입장에서 신규 인력의 퇴사만큼 기운 빠지는 일은 없을 것이다. 기껏 업무를 가르쳐 현장에 투입할 만하면 퇴사하고 그 다음 후임을 가르치면 또 다시 퇴사하기 때문에 인력난이 반복되어 경력직도 지칠 대로 지쳐 있는 현장이 바로 병원이다. 게다가 경력 간호사들은 제 몫을 하지 못하는 신규 간호사를 가르치느라 평소보다 2~3배 일을 더하게 된다.

그런 악조건 속에서도 묵묵히 일하다가도 신규 간호사가 특정 선배 때문에 일을 못하겠다고 불만을 토로하거나 그 일로 퇴사라도 하는 날에는 그 모든 눈총과 핀잔을 고스란히 감내해야 한다. 수고는 수고대로 하고 욕은 욕대로 먹는 일이 반복되는 것이다. 그만큼 현재 병원 시스템에서는 경력직 간호사의 노고가 말할 수 없이 크다.

경력 간호사 입장에서는 이 모든 상황이 힘들겠지만, 그럼에도 경력 간호사는 다수이고 신규보다는 '입김'이 셀 수 밖에 없다. 그렇기에 '나 홀로' 소리를 내야 하는 상대적 약자는 신규 간호사다. 경력 간호사는 신규 간호사를 보듬어 좋은 간호사로 성장시켜 나가야 한다. 그것이 선배로서의 책무이기도 하다.

신규 간호사: 강인해져야 한다

신규 간호사는 조급하다. 선배 간호사들처럼 잘 해내고 싶어

한다. 하지만 완벽하고 싶은 마음과 달리 현실에서 완벽할 수 없다는 것을 인정해야 한다. 최선을 다하는데 왜 알아주지 않는지에 대해 속상해하지 말고 아직 부족하다는 것을 쿨하게 인정하며 어느 정도 마음을 비우는 자세와, 환자와 선배 간호사들이 진심을 몰라줘도 그것은 내 탓이 아니라는 것을 인정하는 강인한 정신력이 필요하다.

병원은 엄연한 직장이고 간호사는 어엿한 사회인이다. 부모로부터 독립을 해야 하며, 대학 교수들이 해줄 수 있는 도움도 한계가 있다. 그런데 '아파서 출근을 못 한다', '병원을 그만두겠다'라는 내용을 부모를 통해 전화로 알리는 신규 간호사도 있고, 그만둘 때 같이 일했던 간호사들의 모든 연락을 받지 않고 갑자기 출근하지 않는 경우도 많다. 이런 간호사들이 하도 많아서 '응사(응급 사직)'라는 은어까지 생겼다.

오죽하면 홀연히 그만둘까도 싶지만, 가급적 지혜롭게 그만두기를 권한다. 퇴사라는 불편한 과정을 겪는 것도 성인으로 성숙해지기 위해 필요한 과정이기 때문이다. 입장을 바꿔서 누군가 말없이 나오지 않아 내가 갑자기 그 업무를 감당할 수도 있다는 것을 기억해야 한다. 만약 이 퇴사 과정을 거치는 순간을 상상만 해도 못 견딜 정도로 고통스럽다면, 주위에 도움을 줄 만한 사람(부모, 교수, 동기 등)을 만나 솔직하게 상황을 털어놓고 지혜를 구해야 한다. 그만두고 싶다는 말을 대신 전해달라는 것이 아니라, 어떻게 하면 상처를 최소화하면서 잘 처리할 수 있을지에 대한 의견을 구하고 정신을 바짝 차리고 강인하게 행동으로 옮겨야 한다.

퇴근 후에 상급자가 전화하면 안 받는 경우도 많다. 근무 시간도 아닌데 굳이 개인적으로 연락할 일이 없다는 것이 이유다. 그러나 사람이 사는 세상은 그렇게 법과 규정대로만 돌아가지 않는다. 본래 내일은 쉬는 날(Off)이었는데, 근무하기로 예정되어 있던 동료가 갑작스러운 사고로 출근을 못하게 되어 근무 일정이 바뀔 수도 있고 병동 인력이 부족해 근무 시간 외에 추가 근무를 하는 상황이 발생할 수도 있다.

아무리 철저하게 미래를 예상하고 대비한다고 해도 한 치 앞도 예측 못하는 것이 세상이다. 그 과정에서 누군가가 손해를 입을 수 있고, 그 당사자가 내가 될 수도 있다. 계속 나만 손해를 보는 것은 문제지만, 피치 못하게 발생하는 사고를 처리하는 과정에서 생기는 손해를 때로는 조직을 위해 기꺼이 감수할 수도 있어야 한다. 부당함을 참고 일하라는 것이 아니라, 부당하다고 느낄 때마다 화살을 다른 사람에게 돌리지 말자는 것이다.

간호부서장도 병동 수간호사도 선배 간호사들도 조직에서 일하는 것이지 신규 간호사를 골탕 먹이고 누군가를 힘들게 하기 위해 일하는 사람은 한 명도 없다. 간호사들끼리 화살을 돌리고 저격할 것이 아니라 원활하고 효율적으로 업무를 처리하기 위해 함께 힘을 뭉쳐야 한다.

때로 병원과 조직의 불합리한 관행이 지속될 수도 있다. 이는 신규 간호사들이 입사하기 이전부터 존재하던 것으로 많은 사람들이 불편감을 못 느꼈거나 아니면 불편하더라도 개선되지 않아서 남아 있는 것들이다. 그런 관행은 반드시 개선되어야 한다.

물론 당장 개선되기는 어려울 수 있다. 그러나 당장 바뀌지 않는다고 선배와 간호부를 비난하지 말고, 좋은 방법으로 개선될 수 있도록 지혜를 모으고 의견을 내야 한다. 상식적인 조직은 그렇게 하다 보면 변화가 일어날 것이다. 작은 날갯짓이라도 하다 보면 큰 폭풍우를 일으킬 수 있다. 신규 간호사들도 얼마든지 매너리즘을 경계하며 조직을 발전시키는 리더가 될 수 있음을 명심한다면, 애초에 품었던 간호사로의 꿈을 펼치며 훌륭한 전문 인력으로 경력을 쌓아갈 수 있다.

2장

판을 바꾸는 뉴칼라 간호사

저돌적인 나이팅게일을 닮은 요즘 간호사들

원조 걸크러시, 나이팅게일

나는 어릴 때 간호사라는 직업을 꿈꿔본 적이 한 번도 없었다. 사람들은 간호사를 '백의의 천사'라고 불렀고, 나 역시 간호사라고 했을 때 떠올렸던 대표적인 이미지는 등불을 들고 있는 참한 나이팅게일의 모습이었다. 조신함과 거리가 한참 멀었던 나에게 간호사는 딴 세상 이야기였다.

나는 간호학과에 진학해서 나이팅게일을 공부하게 되었는데, 기존에 알고 있던 나이팅게일과 새롭게 알게 된 나이팅게일은 달랐다. 나이팅게일은 자애롭고 인자한 사람이기보다는 사회 운동과 투쟁을 통해 세상을 변화시킨 위대한 혁신가였다. 나이팅게일은 크림 전쟁에서 유명해졌는데(1853년부터 1856년까지 크림 반도에서 벌어진 전쟁), 나이팅게일이 자원해서 가기 전에 영국 군대의 야전 병원은 위생이 엉망이었다. 전장에서 부상당한 사람보다 오히려 야전 병원에서 치료받다가 병에 걸린 사람들의 사망률이 더 높아서 멀쩡한 사람도 병원에 가면 오히려 더 큰 병에 걸릴 정도로 병원의 상태가 열악했다. 그런 상황에서 나이팅게일이 근무하기 시작하면서 군병원의 위생, 행정, 의료, 영양 등 모든 영역에서 혁신을 이뤄냈고, 영국 군인의 사망률을 40%에서 2%로 떨어뜨렸다.

이렇게 사망률을 크게 낮추기까지는 강압적인 리더십이 필요했다. 크림 전쟁 당시 군에서 물자를 주지 않자 그녀가 직접 망치로 군 창고의 문을 따고 의료 물자를 강탈해간 적도 있었는데, 나이팅게일의 저돌적인 모습 때문에 사실은 망치를 든 여인인데 등불을 든 여인으로 미화된 것이 아닌가 하는 소문까지 있었다.

부유한 집안의 자제였던 나이팅게일이 교양과 품격 있는 파티를 마다하고 생명을 살리겠다고 억척같이 두 팔을 걷어붙이고 군대의 위생을 개혁해 사람들에게 영향력을 발휘했고, 이 사실이 신문에 보도되면서 전 세계로 널리 이름을 알리게 되었다. 이러한 나이팅게일을 보며 수많은 여성들이 나이팅게일을 동경해 간호사가 되기를 희망했다. 이후 나이팅게일은 자신의 신념과 철학을 담은 간호학교를 세우는데, 국민들이 얼마나 간호사의 필요성을 절실히 느꼈는지 간호학교를 세울 때 성금까지 보낼 정도였다.

이러한 나이팅게일을 선배로 둔 간호사들이어서 그런 걸까. 간호사들은 억척같이 생명을 살리는데 끈질기다. 간호사는 병마와 싸워야 하고, 환자가 포기하지 않고 스스로를 아끼고 돌볼 수 있도록 이끌어야 하며, 국민 건강권 수호를 위해 정부와 병원을 대상으로 투쟁할 수 있어야 한다. 환자들의 일생을 옆에서 지켜보는 간호사들은 환자들의 고통을 누구보다 잘 알기 때문에 환자의 고통과 아픔을 대변해줄 수 있는 유일한 사람인 것이다.

공정하고 합리적인 세대

과거 우리나라는 정(情)이라는 이름으로 친인척·지인들을 채용하고 아는 사이라고 해서 특혜를 주는 일이 빈번했다. 그러다 보니 노력하고 열심히 사는 사람들이 정당한 보상을 얻지 못하게 되는 등 그에 대한 폐단이 심각해졌고, 결국 이러한 불공정을 막기 위해 몇 년 전 '부정청탁 및 금품등 수수의 금지에 관한 법률(일명 '김영란법')'이라는 법까지 생겼다. 개인의 의지와 뜻만으로 비리를 척결할 수 없었기 때문에 법으로라도 윤리적이고 도덕적인 질서를 세우고자 했던 것이다.

과거에는 불이익을 받는 것을 두려워해서 조직의 부당함을 묵인하면서 조직의 사건을 외부에 알리는 것을 꺼리곤 했는데, 요즘은 정의구현과 올바른 사회질서 확립을 위해 용감하게 자신을 헌신한다고 바라봐주는 등 내부고발자들에 대한 사회적 인식도 달라지고 있다. 특히 MZ세대에게 공정은 중요하다. MZ세대들은 조직에서 해결하지 못할 일을 알리고 외부에 적극적으로 도움을 요청한다. 조직에서는 이러한 사람을 똘끼 있는 사람이라고 터부시하지만, 변화는 다수가 아니라 똘끼 충만한 한 명으로부터 출발한다. 오히려 새로운 세상을 선도하고 새로운 혁명을 주도하는 똘끼 가득한 한 명을 격려해 발전을 이끌어낼 수 있다.

그렇다고 해서 MZ세대들이 원리원칙만 따지고 불공정에 무조건 분개하는 것이 절대 아니다. 오히려 다양한 분야에 많은 지식을 갖고 스스로의 가치관에 따라 타인을 공감하고 돕는다. 기부와 나눔을 기부문화, 나눔문화라는 이름으로 하나의 문화로 발전시켰고, SNS의 파급력을 이용해 타인을 돕기도 한다. 나눔을 이론에 머무르지 않고 실제로 사랑을 실천해서 확산시킨다.

기성세대는 MZ세대가 이기적이고 공동체 의식이 없다고 말하지만, MZ세대는 타인의 인생을 존중하기 위해 배려하는 것이다. 과도한 관심이 부담을 준다는 것을 알기 때문에 말을 아끼고 모른 척 해주기도 한다. 만약에 MZ세대인 회사원 A가 길을 걷고 있는데 건너편에 화장도 안 하고 후줄근한 옷차림에 맨발로 슬리퍼를 신고 뛰어가는 상사를 보게 됐다고 하자. A는 곤란해할 상사를 배려해 다른 쪽으로 방향을 틀어 마주치지 않고 피해

갈 수도 있다. MZ세대는 이러한 A에게 '상사를 보고도 어떻게 모른척할 수가 있냐, 예의 없다'라고 하지 않는다. MZ세대는 다른 사람들의 삶의 방식과 직장 외에서의 생활을 충분히 이해해주고 존중해 준다. 이러한 배려는 MZ세대 간호사들도 마찬가지다. 이들은 병원에서 환자의 살을 노출하게 되는 치료를 하거나 개인정보를 다룰 때 더욱 더 민감하게 생각하고 환자들을 배려한다.

배우려는 열의가 가득한 간호사들

요즘 MZ세대들은 어차피 노력해도 성취할 수 없는 많은 것들로 인해 낙담하는 이들이 적지 않다. 명문 대학을 졸업해도 취업하기 어렵고, 취업해서 평생 열심히 돈을 벌어도 내 집 하나 마련하기 어려워진 상황에서 희망보다는 실망을 하는 사람이 늘어나는 탓이다. 부모님 세대와 견줘볼 때 터무니없이 낮은 경제성장률, 취업난, 부의 양극화로 인해 장밋빛 미래를 꿈꾸기도 매우 힘들어진 게 사실이다.

사회적 상황이 이렇다 보니 편하고 쉽게 돈을 버는 것에 대한 열기가 뜨겁다. 개미처럼 땀 흘려 푼돈을 모아 나가기보다 주식이나 코인으로 대박을 꿈꾸거나, 어차피 내 집 마련은 어려워졌다고 판단하고는 대출을 받아 차를 사고 여행을 가는 것으로 만족하는 이들도 적지 않다. 이러한 시대적인 상황 속에서 땀 흘려 환자를 돌보는 일을 하겠다고, 남을 돕는 일을 직업으로 삼겠다고 자청해 간호학과에 진학한 학생들이니 타 학과 학생에 비해 끈기가 없지 않을 것이다.

간호대학생들은 다른 학과 학생들에 비해 교육 과정이 매우 빡빡하다. 보통 9시부터 오후 5시까지 수업이 꽉 차 있고 점심도 겨우 먹는다. 이론 수업도 많고 교내 실습 수업까지 있어 하루가 빠듯하다. 거기에 딸려 출제되는 수많은 과제와 1,000시간이 넘는 임상 실습까지 하면 캠퍼스의 낭만을 누릴 틈도 없이 과제와 공부가 연속적으로 주어진다. 의료기관에서 임상 실습을 하는 기간에는 학교에서 축제가 열려도 공모전이 열려도 참석할 수 없고, 오로지 병원 실습에만 매진해야 한다. 학교 스케줄 외에도 별도로 하는 개인적인 공부 역시 적당히 할 수 없는데, 국가시험에 합격해야 면허를 받기 때문이다. 그래서 정말 열심히 공부를 한다. 어찌 보면 편한 일을 하고 싶은 학생은 간호학과가 아닌 타 전공을 선택하기도 하니 애초에 간호학과에 진학하는 학생이 타 전공 학생에 비해 조금 더 악착같은 면이 있는 것 같기도 하다. 이 학생들은 간호사가 되면 대학 시절보다 더 힘들 수 있다는 것을 알면서도, 편하고 안락하게 살 수도 없다는 걸 알면서도, 간호사가 되겠다는 각오로 간호학과에 진학한 학생들이기 때문에 힘든 학교 생활임에도 매일 최선을 다해 노력한다.

캠퍼스 낭만과 맞바꾼 대학 시절을 마치고 간호사가 돼도 상황은 호락호락하지 않다. 의료 환경과 새로운 기술이 끊임없이 발전하면서 간호사들은 공부를 계속 이어 나가야 한다. 근무를 하면서도 여러 가지 교육에 참여하고 자격증을 따기도 한다. 그 교육이라는 것도 어쩌다 1시간쯤 듣는 교육이 아니고 전문간호사가 되기 위한 대학원 학위 과정이거나 몇 달을 꼬박 투자해야 수료할 수 있는 과정들이 대부분이다. 일반적인 타 학과는 대학원 진학에 대한 관심이 예전만 못한데, 간호학 석사와 박사 과정은 정원도 많고 등록률도 높다. 꼭 학자가 되길 원해서가 아니라 자신의 분야에서 전문성을 높이고 연구를 통해 근거 기반 간호를 실천하기 위해 대학원에 진학하는 간호사가 많은 것이다.

간호사를 위해 개설된 교육 과정의 경우, 정원이 정해져 있는 교육 과정은 선착순 마감이 1~2일에 다 끝날 정도로 치열하다. 무료 교육인 경우에는 하루도 못 가 몇 시간 만에 마감된다. 힘겹게 수강 신청에 성공해서 교육을 들으러 가면 나이와 무관하게 모든 간호사들이 앞자리에서 열심히 듣고 질문도 많이 한다. 그래서 간호사들이 듣는 교육 프로그램에서는 일찍 끝나는 것을 기대하면 안 된다. 오히려 제시간에 끝나기만 해도 다행이라고 할 정도다. 최근에는 대학교수로서 교육을 받으러 가는 경우가 잦은데, 그 교육장에서 가장 열심히 듣는 교수님을 간호학과 교수라고 생각하면 거의 맞다. 그 정도로 배움에도 열의가 가득하다.

젊음은 값이 들지 않는 약이다

내가 20대 어린 간호사였을 때 어르신들이 나를 참 예뻐했다. 손을 꼭 잡아드리면 "냄새 나는 노인네라고 자식들도 외면하는 손을 잡아줘서 고맙다"라고 말씀하는 분도 있었고, 내가 힘들게 일하고 있으면 "아기가 고생이 많다"라며 쉬엄쉬엄하라고 격려해 주기도 했다.

나는 젊음, 청춘이라는 것에 엄청난 힘이 있다고 생각한다. 어르신 환자에게 젊은 간호사들이 잡아주는 손과 따뜻한 말은 비용이 들지 않는 약이다. 노련함과 스킬은 조금 부족하더라도 환자들을 돌볼 수 있는 젊음이라는 무기가 있다. 말도 제대로 할 줄 모르지만 아장아장 걸으며 웃는 아기들의 모습에 무장 해제되는 것처럼 말이다. 이러한 엄청난 장점에 감사하며 젊음을 적극 활용하는 간호를 제공했으면 좋겠다. 어르신 환자분들을 미소 짓게 하는 몇 가지 나의 노하우를 나눈다.

사진 앱을 적극 활용하라

어르신들은 쭈글쭈글한 자신의 모습을 보기 싫다며 사진도 잘 안 찍으신다. 요즘에는 얼굴을 인식해 메이크업, 보정, 성별 전환, 스티커 등 다양한 효과를 주는 앱들이 많은데, 어르신들은 이런 기능들을 잘 모른다. 함께 휴대폰으로 재미있는 효과를 적용해보면서 앱을 통해 화장도 하고 주름도 없애고 안경도 쓰는 등의 기능들을 이용해 사진을 찍으면 신기해하고 재미있어 하신다. 또 사진을 출력해드리면 크게 기뻐하면서 병원을 방문하는 가족들에게도 자랑하신다.

스티커를 활용하라

어르신들이 젊은 시절에 경험하지 못한 제품들이 많은데, 그분들은 어떤 것들이 있는지도 몰라서 사용하지 못한다. 그러면서 젊은 사람들이 하고 다니는 모습이나 갖고 다니는 것을 부러워하기도 한다. 여성 어르신이라면 손톱이나 휴대폰에 스티커를 붙여주면 좋아하신다. 큐빅, 진주, 비즈 등 화려하게 장식할 수 있는 스티커가 많기 때문에 이를 활용하면 여기저기 붙이면서 기분 전환을 할 수 있다.

이야기를 들어주라

어르신들은 오랫동안 세상을 살면서 경험한 것도 많고 아는 것도 많다. 그러나 자녀들도 바빠서 붙잡고 이야기하지 못하고 자신의 이야기를 할 곳이 없다. 그러다 보니 점점 외로워진다. 5분, 10분이라도 짧지만 자주 이야기를 들어준다. 그러면 목소리도 커지고 표정이 환해지는 것을 볼 수 있다.

염색하는 간호사와 몸짱 간호사의 시대

간호사, 시절이 달라졌다

과거 여성의 몸을 성상품화하던 시절이 있었다. 그 당시에는 간호사라는 직업에도 부정적인 판타지가 있었다. 잡지 화보나 성인물에 몸매 좋은 여성이 섹시하게 디자인된 간호복을 입고 있는 모습이나, 드라마나 영화에서 간호사는 의사 뒤에서 수동적으로 고개만 끄덕이는 여리여리한 여성의 모습으로 표현된 것이 그 예시다. 그러나 시대가 흘러 지금은 그러한 모습이 많이 사라졌다. 언론에서 전문성 있는 간호사의 모습도 많이 비춰졌고, 실제로 신종플루, 메르스, 코로나19 등을 거치면서 많은 사람들이 간호사의 강인한 모습을 새롭게 알게 되었다. 또 남자 간호사들도 많아지면서 간호사는 더 이상 여성을 대표하는 직업이 아닌 새로운 전문가로서 이미지가 형성되었다. 얼마 전에는 서울아산병원 남자 간호사들이 근육을 뽐내는 몸짱 간호사 달력을 출시하기도 했으니 과거와 많이 달라진 간호사의 이미지를 새삼 느끼고 있다. 섹시한 간호복을 입은 여성이 나오는 달력이 아니라 파워풀한 남자 간호사들이 나오는 달력이라니.

수업 시간에 학생들에게 간호사 이미지를 물은 적이 있다. 거의 대부분의 학생들이 간호사는 멋있고 좋아 보인다고 대답했다. 당당하고 전문적인 간호사의 모습에 반해 간호학과에 진학했다는 학생들도 많았다. 그러나 불과 10여 년 전만 해도 간호사라는 직업에 '멋있다'라는 말은 잘 사용하지 않았다. 그래서 내가 간호학과에 진학한다고 했을 때도 일부 사람들은 환자들 뒤치다꺼리하는 일을 왜 자청해서 하냐고 묻기도 했다. 그 당시 간호학과에 같이 다니던 친구들에게도 왜 간호학과에 왔냐고 물어보면, 간호사로서 전문성을 발휘하겠다는 포부로 왔다는 친구들보다 취업이 잘될 거라고 생각해서 왔다는 친구들이나 간호직 공무원, 보건교사 등 안정적인 직업을 원해서 왔다는 친구들이 많았다. 자애롭고 따뜻한 나이팅게일의 선한 이미지가 아름다워 보였다는 친구들도 몇몇 있었다.

지금은 그때보다 간호학과가 인기가 많은 것 같다. 또 지금은 취업뿐 아니라 건강 전문가가 되기 위해 간호학과를 희망했다는 학생들도 점점 늘고 있다. 의료기관 경력을 쌓아서 병원 외의 다양한 곳에서 보건의료 전문인으로 활동하길 원하며, 실제로 그렇게 여기저기에서 간호사로서 역량을 발휘하고 있다.

간호사는 쉽게 그만둔다?

사회에서 어떤 직업을 전문직이라고 평가하기 위해서 학자들이 제시하는 몇 가지 특성이 있다. 첫째, 그 직업의 기반이 되는 이론이 체계적이어야 한다. 둘째, 지식에 근거한 권위가 사회로부터 인정을 받아야 한다. 셋째, 전문성 습득을 위한 교육 기간이 길어야 한다. 그리고 넷째, 그 직업에 종사하는 기간이 길어야 한다. 이러한 몇 가지 전문직 특성에 부합한 직업을 우리 사회에서는 전문직이라고 한다. 대표적으로 의사, 법조인, 교육자 등이 있다. 간호사는 대부분의 특성에서 전문직에 부합하지만, 종사 기간이 짧아 전문직으로 보기에는 무리라는 의견이 있다. 간호사들의 종사 기간이 정말 짧을까?

간호사 면허 소지자 대비 의료기관에서 근무하고 있는 간호사를 '활동 간호사'라고 한다, 보건의료신문 〈라포르시안〉에 실린 기사에 따르면, 간호사 면허등록자 중에 실제 활동하는 간호사는 절반에도 못 미치는 것으로 나타났다("간호사 면허등록자 40만 명 육박… 활동 중인 간호사는 19만 명 그쳐", 2019. 10. 25.). 2019년 12월 18일 보건복지부가 보건의료 인력의 실태를 파악하기 위해 조사한 자료에서도 이 같은 수치가 확인되었다(〈전자신문〉, "간호사 절반은 면허 따고도 일 안 한다… OECD국가 비교 간호인력 절반 수준", 2019.12.18.). 이처럼 많은 기사에서 신규 간호사 또는 젊은 간호사들은 끈기가 없어 오랫동안 병원에서 일하지 않고 쉽게 병원을 떠난다고 보도되고 있다. 통계자료와 기사만 보면 정말 그런 듯하다.

이런 기사와는 달리, 내가 만나 본 간호대학생들과 간호사들은 그 누구보다 악착같다. 주변에서 간호사 면허를 소지하고 있으면서 일하지 않고 있는 사람을 찾는 것도 거의 어렵다. 단지 병원에서 근무하지 않을 뿐이지 질병관리청, 보건소, 학교, 건강보험심사평가원, 국민건강보험공단, 혈액원, 정신건강복지센터, 회사 보건실, 제약회사 등 다양한 곳에서 간호사들은 최선을 다하고 있다. 그만두는 간호사 비율을 표현할 때 '사직률'이라고 하지 않고 '이직률'이라는 표현을 주로 쓰는 이유도 여기에 있다. 이런 간호사들에게 끈기가 없다는 것이 맞는 말일까? 병원이 아니더라도 간호사가 필요한 수많은 현장에서 간호사들은 국민 건강의 수호자로서 역할을 해내고 있다. 단순히 병원에 근무하는 간호사들이 적다고 해서 간호사들이 끈기가 없다고 말할 수는 없는 것이다. 또 병원에서 다른 병원을 옮기는 일이 잦다고 직업에 대한 사명감이 낮다고 할 수도 없는 것이다.

단순히 직장을 자주 옮기는 기준으로만 판단한다면 앞서 말했던 전문직 중에 의사도 이직률이 높다고 할 수 있다. 의사들도 본인이 병원장이 아닌 페이 닥터(월급을 받는 의사)의 경우에는 자주 이직하는 편이다. 우리 동네 병원만 하더라도 의사들이 5년 이상 근무하지 않는 경우가 많다. 그러나 의사라는 직업 자체를 그만두지 않기 때문에 의사들에게 직업 정신이 없다고 말하지 않는다.

간호사도 마찬가지다. 많은 간호사들이 간호사라는 직업을 그만두는 것이 아니라 일터를 바꾸는 것이다. 간호사가 A병원을 그만두고 B병원으로 옮겼다고 해서, 병원을 그만두고 회사 보건실로 옮겼다고 해서 간호사가 사명감이 없고 끈기가 없는 것이 아니다. 간호사들은 주어진 곳에서 각자의 몫을 해내며 국민 건강을 위해 오늘도 헌신하고 있다.

탈색한 S대 교수님

대학원 다닐 때, S대 교수님이 특강을 한 적이 있었다. 자리에 앉아 교수님이 오기를 기다렸는데, 샛노랗게 염색하고 삐죽 튀어나온 머리에 가죽 부츠를 신은 사람이 성큼 들어와 테이블 중앙에 걸터앉았다. 겉모습이 도저히 교수처럼 보이지 않아서 '설마 저분이 교수님일까? 아니라면 누구길래 저렇게 가운데에 계신 거지? 곧 교수님 들어오시는데……'라고 생각했다. 외모가 워낙 튀었기 때문에 교수라고는 전혀 생각하지 못했고, 아직 쉬는 시간이라 분위기가 다소 시끌시끌해서 수업인 줄 모르는 웬 대학원생이 잘못 들어와 있는 것이리라고 짐작했다.

'예상 외로' 그분은 그날 특강을 맡은 교수님이 맞았다. 그리고 그날의 강의는 내가 살면서 들어봤던 강의 중에 손에 꼽을 정도의 명강의였다. 그냥 좋았던 것이 아니라 '황홀'할 정도였다. 강의를 마치고 질문이 없냐는 교수님의 말에 나는 넋이 나간 표정으로 "어떻게 그렇게 강의를 잘하세요?"라는 말도 안 되는 질문을 던질 정도로 강의에 빠져들었다.

처음 교수님의 이미지가 여느 교수님들과 다르다는 이유로 교수가 아닐 것 같다고 생각한 나 자신의 편견이 한탄스러웠다. 실력은 외모에서 나오는 것이 아니라고 다시 한 번 느꼈다. 그리고 진짜는 보여지는 것과 상관없이 스스로 빛이 나는 법임을 알게 됐다.

유일한 두발 규제 구역

과거에 학교에서 두발 규제가 심했던 시절이 있었다. 50~60대 부모님 세대의 학창 시절 사진을 보면 남자는 '까까헤어', 여자는 귀밑 3센티미터 정도의 '똑단발' 헤어 스타일을 하고 있다. 지금 30대인 나조차도 중학교 때 두발 규제가 있었다. 그러다가 고등학교 2학년쯤 전국 대부분의 학교에서 두발 규제가 완화되면서 우리 학교에서도 염색과 펌은 허용되지 않아도 단발이 아닌 긴 머리를 묶고 다닐 수는 있게 되었다. 지금도 많은 사람들이 두발 규제는 대한민국 헌법에 보장된 신체의 자유에 어긋나고 일제강점기의 획일화 교육과 과거 장발 단속령의 잔재라고 말하며 두발 자유를 주장한다.

이러한 세상에서 한국 간호사들은 아직도 긴 머리의 경우 '머리망'을 하도록 한다. 이것이 의미심장한 이유는 한국의 의사들도, 해외 다른 나라의 간호사들도 머리가 길다고 '망' 속에 집어넣는 규율은 없기 때문이다. '그들'은 머리망은커녕 펌도 자유롭게 하고 염색도 자유롭게 한다. 아무런 두발 규제를 받지 않는다. 심지어 미국 간호사들은 타투나 피어싱도 자유롭게 한다. 요즘 대형병원을 중심으로 간호사 두발 자유가 허용되고 있다. 그러나 아직도 소수에 그치고 있으며 단정함, 깔끔한 이미지 등의 이유로 외모를 규제하는 것이 현실이다.

뉴칼라 간호사들의 시대, 약진은 계속된다

부모님 세대의 간호사 이미지는 사라진 지 오래다. 순종하고 헌신하는 간호사, 환자 '수발'을 드는 간호사라는 이미지는 과거 60~70년대에나 있었던 것이다. 지금 간호학과 학생들은 그 어느 때보다 능동적이고 적극적이며, 학과 공부와 임상 실습, 봉사 활동과 토익 공부 등 실력을 쌓는 데 매우 열정적이다.

비록 병원 규칙상 염색과 타투 같은 것은 여전히 금지되어 있지만 중요한 것은 겉으로 '보이는' 것이 아니다. 외모를 규제해 일률적인 간호사의 이미지로 고정하지 말고 간호사 내면의 실력이 돋보일 수 있도록 보이지 않는 것을 추구해야 한다. 변화와 혁신은 자유로움 속에 나타날 것이다. 지금은 이런 새로운 유형의 간호사들이 활약하는 시대이고, 앞으로도 이들의 약진은 계속될 것이다. 간호사들이 염색을 하고 긴 생머리를 하고, 더러는 보글보글한 파마를 하고 우리를 간호해줄 날을 기다린다.

인더스트리 5.0 시대에 확장되는 간호사의 역할

인더스트리 5.0 시대

2011년 이후부터 경제학자들을 중심으로 조금씩 4차 산업혁명에 대한 이야기가 나오다가 2016년 스위스 다보스에서 개최된 세계경제포럼을 기점으로 전 세계적으로 4차 산업혁명이 중요한 키워드가 되었다. 2016년 세계경제포럼의 주제가 '제4차 산업혁명의 이해'였기 때문이다. 우리나라에서도 2017년에 '4차 산업혁명위원회의 설치 및 운영에 관한 규정'을 마련하고 대통령 직속으로 위원회를 운영하면서 4차 산업혁명 시대를 위한 동력을 추진했다.

그 이후로 교육계, 사회계, 의료계, 문화예술계 등 여러 분야에서 4차 산업에 대응하기 위한 다양한 전략들을 제시했고, 민간, 정부, 국민 할 것 없이 4차 산업 시대를 준비했다. 그러다가 '코로나바이러스감염증-19'라는 질병이 전 세계적으로 발생하면서 4차 산업 시대는 급물살을 타게 되었다. 대면 수업이 비대면 수업으로, 대면 진료가 비대면 진료로, 대면 회의가 비대면 회의로 바뀌는 등 다양한 분야에서 대면 활동이 전격 비대면으로 전환되면서 일상 생활에 큰 변화를 맞이했다. 생각지도 못한 질병이 등장하면서 인공지능과 디지털을 이용한 변화는 더욱더 빨라졌고, 이는 4차 산업혁명에 이은 5차 산업혁명이 성큼 다가왔음을 알렸다. 이미 발 빠르게 시대를 선도하는 사람들은 이제 4차 산업을 넘어 5차 산업을 준비하고 있다.

그렇다면 인더스트리 5.0으로도 불리는 5차 산업혁명은 무엇일까? 인더스트리 5.0은 제조와 IT 융합의 4.0을 넘어 인간과 기계(로봇)의 공존의 시대를 의미한다. 인더스트리 5.0 시대에는 인간 중심(Human-Centric), 지속 가능성(Sustainable), 탄력성(Resilient)의 3가지가 중요한 핵심 요소이다. 즉, 4차 산업혁명이 인공지능, 로봇 등의 최첨단 기술의 혁명을 추구했다고 한다면, 5차 산업혁명은 여기에 또 다시 인간을 추가해 재창조하는 것이라고 본다.

아직 5차 산업혁명에 대한 본격적인 논의가 진행된 것이 아니라 5차 산업혁명에 대해 정리하는 것이 시기상조일 수 있겠지만 우리는 발 빠르게 미래를 대비하고 변화를 선도해야 한다. 그런 의미에서 5차 산업혁명을 조심스럽게 예측해보면, 4차 산업혁명으로 매장이 무인화되고 전자 기기의 선이 사라지고 기계가 딥러닝 알고리즘을 이용해 사람들의 행동을 예측해 미리 원하는 것을 검색해 주고 필요한 광고가 뜨고 있는 세상에서 인간이 주도권을 가져오는 혁명이 아닐까 한다. 이제 사람들은 컴퓨터 프로그램과 대화하고 기계를 훈련시키고 사물인터넷과 결합하는 등 창조적인 작업을 끊임없이 해나갈 것이고, 이 모든 것을 인간 중심으로 재설계해야 한다.

결국 인간이 중심이 되는 세상으로의 진보

이러한 환경은 인간의 욕구를 더 세분화시켜 더욱더 개인 맞춤형으로 접근할 수밖에 없다. 공장에서 찍어낸 서비스가 아니라, 개별 욕구에 걸맞은 서비스를 제공해야 한다. 이제 사람들의 수준도 높아져서, 개별 맞춤형의 접근이 당연하게 될 것이다. 그리고 기계의 오류나 데이터 값으로 예측할 수 없는 통계에서 벗어난 값에 대한 사람의 니즈를 누군가는 파악하고 해결해줄 수 있어야 한다. 사람의 문제를 민감하게 파악하고 인간을 인간답게 살 수 있도록 도와주는 직업이 바로 간호사다.

미래학자들이 인공지능 시대에 수많은 직업들이 사라질 것으로 예언하면서, 그럼에도 인공지능에 대체되지 않을 직업 중 하나로 간호사를 꼽은 것도 다 그런 이유에서다(〈간호사신문〉, “미래 사라질 위험 낮은 직업 ‘간호사’”, 2017.04.11.). 결국 세상의 중심은 기계가 아니라 인간이다. 인간을 위해 기계가 존재하며, 인간을 위해 컴퓨터가 존재하고, 인간을 위해 시스템을 고도화하는 것이다. 이를 인정하는 과정이 새로운 산업혁명의 중심이 될 것이다.

컴퓨터와 스마트 기기만으로 업무를 하는 분야가 많아지고 있다. 출근하면 메일을 확인하고 서류로 전달된 업무 지시에 따라서 컴퓨터로 업무를 처리한다. 외부 업체와 소통은 전화 또는 이메일로 하기 때문에 직접 사람을 볼 필요도 체온을 느낄 틈도 없다. 이러한 시대에 간호사는 절대적으로 인간을 대하는 직업이다. 사람의 눈빛을 읽어야 하고 고통을 짐작해야 하며 말할 수 없는 불편함을 파악해야 한다. 신생아, 어린이, 청소년, 성인, 노인에 이르기까지, 태어나기 전부터 죽음에 이르는 모든 세대를 돌보고 사람답게 살 수 있도록 도와야 한다.

간호는 예술이다

예술이라는 단어를 사전에서 살펴보면 ‘특별한 재료, 기교, 양식 따위로 감상의 대상이 되는 아름다움을 표현하려는 인간의 활동’으로 정의되어 있다. 예를 들어 반지를 기계에서 찍어내면 상품이 되지만, 사람이 독창적으로 만들면 예술이 된다. 그림을

프린트하면 종이에 불과하지만, 직접 종이에 그려내면 예술이 된다. 즉, 예술이 예술인 이유는 고유하며 공장에서 찍어낼 수 없는 성질이 있기 때문이다.

간호사의 간호는 절대 공장에서 찍어낼 수 없다. 간호사마다 제공하는 간호 스타일이 다 다르고, 동일한 간호사가 제공하는 간호라고 하더라도 그 간호사의 능력과 컨디션에 따라 또 달라진다. 1년 차 간호사가 늘 그 상태로 머무는 것이 아니라 경력을 쌓아가면서 간호도 점점 발전하게 되는 것처럼 말이다. 또 환자 상태도 다 다르다. 같은 질병에 걸린 환자들이더라도 환자의 나이, 성별, 사는 지역, 직업 등이 다르기 때문에 동일한 환자는 없다. 세상에 한 명밖에 없는 고유한 인간 그리고 그를 간호하는 간호사 역시 고유하다.

간호사가 인공지능 세상에서 살아남는 직업인 이유는 단순히 기계를 대체할 수 없다는 사실 때문만이 아니다. 사실 간호사의 많은 부분은 기계로 대체할 수 있다. 간호사가 굳이 옆에서 지켜보고 있지 않아도 환자와 연결되어 있는 기계에서 알람음이 울리면 환자에게 문제가 생겼다는 것을 알 수 있으며, 수술실에서 간호사가 수술 기구를 직접 다루지 않아도 로봇으로 수술할 수 있다. 또 환자들의 건강 정보가 컴퓨터에 입력되어 통계에 근거한 건강 상태를 파악해 주기도 한다. 그런데 간호사는 이러한 다양한 정보를 컴퓨터 알고리즘이 짐작도 못하는 사고력으로 추론해 간호를 제공하기 때문에 절대 기계로 대체할 수 없다는 것이다. 나는 간호는 한마디로 인간의 치유와 회복을 위한 '예술' 행위라고 감히 단언한다.

간호사는 5.0 시대에도 여전히 필수불가결하다

한 환자가 입원했는데, 의료진이 병실에 들어서자 갑자기 이유 없이 맥박이 빨라지고 호흡이 가빠지는 상황이 발생했다. 여러 검사 등으로 원인을 파악하려고 했지만, 데이터로 결국 원인을 찾아내지 못했다. 알고 보니 환자가 어린 시절 학교폭력의 피해자였는데, 의료진 중에 한 명이 가해자와 닮아서 그 의료진을 보고 과거 생각이 떠오르면서 심리적 불안감이 극심해진 것이다.

만약 AI와 기계만이 남아 있는 병실이었다면, 이런 환자의 심리 상태를 누가 어떻게 파악할 수 있었을까? 기계에 입력된 데이터만으로는 환자의 문제를 찾아낼 수도 없고 해결할 수도 없다. 간호사의 시선으로 환자의 눈빛과 표정을 관찰하고 편안하게 대화를 이끌어내는 과정이 있어야 원인을 찾아낼 수 있다.

또 기계는 통상적인 정상 수치를 기본값으로 적용해 분석한다. 일반적으로 사람의 혈압은 120/80mmHg을 정상 값으로 보는데, 사람에 따라서 다른 사람들보다 약간 혈압이 낮은 상태가 그 사람에게는 최적일 수도 있다. 세상에 수많은 사람들을 기계로만 설명할 수 없기 때문에 어떤 사람이 어떤 인생을 살아 현재에 이르렀는지에 대해서는 결국 사람의 생각과 상상력으로만 설명할 수 있다. 돌고 돌아 인간의 존재를 인정하는 세상에서 간호사는 과거와 다른 건강 전문가로서 존재할 것이다. 사람 전문가로서 간호사들은 새로운 시대, 5차 산업혁명을 이끌어나갈 것이다.

20세기 교육 패러다임을 버려라

철학이 실종된 대학

나는 '대한민국 대학에 교육 철학이 과연 있기는 한가?'라는 생각을 하곤 한다. 모든 대학은 정부의 대학 평가 기준을 맞추기 위해 동일한 기준으로 교육 과정을 운영할 수밖에 없다. 교수 방법도 다양하게 운영하라고 권고하지만, 결국 모든 대학들이 일률적으로 운영한다. 독특한 방법으로 교육을 시키면 그 방법의 교육적 효과를 증빙하는 서류 업무가 더 까다롭기 때문에 차라리 무난하게 평가 기준에서 제시하는 대로 할 수밖에 없는 것이 현실이다. 그러다 보니 교육적 효과가 증명되지 않은 방법들이 유행하고 각 대학은 서로 그 방법을 적용하면서 실제 교육보다 껍데기에만 치중하는 교육 과정을 진행하는 경우가 허다하다.

수업 시간에 학생들에게 퀴즈를 낸다고 하자. 컴퓨터 이전에는 종이 시험지나 구두로 퀴즈를 출제했다. 컴퓨터가 보급되고 교수들이 막 PPT를 배워 활용하던 시절에는 컴퓨터 화면을 빔프로젝터와 연결해 퀴즈를 냈다. 그러다가 전파(RF)기술을 이용한 유비쿼터스 양방향 교육 시스템이 각광을 받자 고가의 비용을 들여 이를 설치하고 이 시스템을 이용해 퀴즈를 냈다. 그리고 전자 교탁(수업이나 강의에 필요한 컴퓨터, 모니터, 오디오 기기 따위의 멀티미디어 장치가 내장된 교탁) 시스템이 나오자 너도나도 전자 교탁을 활용했다. 지금은 스마트 전자 칠판으로 칠판을 옮길 수 있고, 블루투스, 와이파이 등으로 교수자의 스마트폰과 화면을 연동해 사용할 수 있다.

이처럼 불과 몇 년 동안 장비가 계속 업그레이드 되면서 대학에서는 비용은 비용대로 투자했지만, 실상 그 효과는 미미했을 것이다. 대학에서 유비쿼터스 양방향 시스템이 상용화되고 있을 때 이미 다른 분야에서는 스마트 기기로 앱을 이용한 프로그램이 나오고 있는 상황이었기 때문이다. 당시 나는 속으로 그렇게 돈을 투자할 필요가 없을 것이라고 생각했고 그 예상은 맞아떨어졌다. 그러나 대학은 다른 대학과 비교될까 봐 앞다퉈 최첨단이라고 생각되는 시스템 구축에 매진했고, 얼마 쓰지도 못하고 새로운 기기의 도입으로 유비쿼터스 시스템은 그대로 애물단지로 전락하고 말았다.

본질과 가치에 치중하는 교육으로 돌아갈 때

교육에서 중요한 것은 교육의 본질과 가치이다. 그리고 교육 방법은 교육 목적을 효과적이고 효율적으로 달성하기 위한 가장 최선의 방법으로 진행해야 한다고 생각한다. 그런데 교육의 본질이 최첨단 스마트 기기에 밀려 스마트 교수법을 적용하기에 적합한 교육 내용을 고민하는 것으로 변질되고 있다. 간호학에서는 특히 임상 실습을 대체하기 위한 교내 실습 기기에 대한 수요가 높아 실제 병원 환경을 구현하고 고가의 의료 장비를 구비하고 있다. VR, AR, XR 기술을 접목한 시뮬레이터 수요도 높다. 문제는 이 장비들을 제대로 관리할 사람도 없고, 교수들이 기계에 대한 이해도도 떨어져 지도에도 문제가 생기는 경우가 많다는 것이다.

A대학에서 있었던 사례를 보면, 이 같은 문제가 극명하게 드러난다. A대학에서는 비싼 시뮬레이터 장비를 샀는데, 그 장비가 윈도우 7.0에 설치되어 있어서 윈도우 업데이트를 하면 재설치를 해야 했다. AS기간이 끝나 재설치 비용도 비쌌지만 그것보다 더 문제는 구버전이라 본사에서 구버전에 대한 개발을 더 이상 지원하지 않았던 것이다. 결국 A대학은 PC의 업데이트는 포기했고 비싼 장비로 최소한의 기능만 사용할 수밖에 없었다.

의료 장비 역시 계속 업데이트되면서 교수자가 프로그램의 새로운 기능을 계속 배워야 하는데, 기계에 대한 두려움, 바쁜 업무, 과목 변경 등 여러 가지 이유로 인해 대부분의 교수들이 새로운 기능을 잘 익히지 못한다. 소수의 열정이 넘치는 교수를 제외하고는 업데이트되는 장비의 속도를 따라가지 못하는 것이다. 기계에 관심이 많거나 장비를 사용해 교육하는 교수는 각별한 관심을 기울이지만, 그 경우를 제외하고는 새로운 기능을 배운다는 것이 현실적으로 어려운 것이다.

B대학에서는 특수 병동에서 사용하는 장비를 구입했지만, 그 장비를 사용할 수 있는 교수가 그만둔 후 더 이상 그 장비를 활용할 사람이 없어서 방치되고 있다. 실습 기자재도 소모성 제품이기 때문에 기계를 관리할 때도 먼지, 습기 등 물리적인 환경을 고려해야 하고, 적절하게 사용하면서 주기적으로 업데이트를 해야 한다.

C대학에서는 보관을 잘못해서 기계가 걸핏하면 자동 종료되고 오류가 발생해서 수시로 AS를 받았다. 반복되는 오류에 기계가 고장날까 봐 겁이 난 교수는 많은 기능이 있는 제품임에도 불구하고 몇 가지 단순 기능만 사용하고 있다.

D대학은 VR·AR 실습실을 구축했다. 장비는 와이파이로 연결해 사용하는데, 학생들이 많이 접속하면 와이파이가 잘 연결되지 않고, 옆자리에서 사용하면 소리가 울려서 실제 학생들이 활용할 수 있는 기기는 한정되는 상황이다.

학생들에게 최첨단 교육을 시키고 싶은 대학과 교수님들의 열정과 진심은 100% 이해한다. 하지만 PC에 카카오톡을 설치하는 것도 어려워하고, 프로그램별 알람 On/Off도 헤매는 교수들이 최첨단 장비를 능숙하게 다뤄야 한다는 사실은 간과하고 있다. 장비를 사면 무조건 교육적 효과를 볼 것이라고 기대하고 장비 투자에 혈안을 올리기보다 교육의 본질적 효과를 고민하면 좋겠다. 또 몇몇 장비들은 비싼 돈으로 구입하지 않아도 스마트폰과 PC만으로도 구현이 가능한 경우가 제법 많다. 실제로 활용할 수 있는 무료 앱 위주로 먼저 활용해보면서 능숙해지고, 유료 제품이 필요하다고 생각되면 장비 구입을 고려하면 좋겠다. 최첨단 장비로 교육하지 말라는 말이 아니다. 스마트 장비에 대한 공부 없이, 타 대학에서 했다고 하니까 또는 학생들이 좋아할 것 같다는 막연한 생각으로 비싼 장비를 구축하는 것은 신중할 필요가 있다는 것이다.

어릴수록 최첨단에 강하다

간호학과 교수들이 최첨단을 따라잡고자 해도 태어나면서부터 스마트폰을 이용했던 세대와는 활용도 면에서 차이가 있을 수밖에 없다. 몇몇 교수님들은 끊임없이 새로운 교수법을 배우며 수업에 적용하지만, 아직도 PPT에 그림을 그리지 못하는 교수들이 더 많고 엑셀 수식을 활용해 계산을 하지 못하는 교수들이 더 많다. 이제는 더 어리고 스마트 기기에 더욱 능숙한 세대가 학생이 된다.

2014년생인 내 아들은 터치가 익숙한 아이다. 스마트폰이고 태블릿이고 냉장고고 온갖 모니터 모양으로 생긴 것들에 터치를 할 수 있었고, 터치로 화면을 열고 닫고, 선을 그리고 지우고, 프로그램 창 크기를 크고 작게 조절하는 것을 아주 자연스럽게 하며 자랐다. 아들이 일곱 살쯤 내 노트북을 만지더니 “엄마, 노트북 고장 났어? 왜 작동이 안 돼?”라고 묻는 것이었다. 내 노트북은 터치가 되지 않는 노트북이었는데, 아들이 내 노트북 화면을 아무리 눌러도 반응이 없으니 물어본 것이었다.

사람들은 19세기 사고방식을 가진 어른들이 20세기 환경에서 21세기 아이들을 가르치고 있기 때문에 교육의 패러다임을 바꿔야 한다고 말한다. 그런데 그 패러다임의 변화를 선도하는 교수자가 그저 남들에게 보이기 위해 제대로 활용할 수도 없는 값비싼 장비들을 구축하고 방치한다. 그러나 장비는 교육을 돕는 도구일 뿐이지 본질적인 교육을 제공하지는 않는다.

4차 산업혁명 시대에 교육의 패러다임을 바꾸기 위해서는 방법이 아니라 본질에 집중해야 한다. 그렇다면 이를 위해 간호 교육에서 이루어져야 할 것은 무엇일까? 나는 다음의 4가지 점을 꼽고 싶다.

통합적 사고력을 키우는 교육

그동안 간호학은 계통별 교육으로 진행되었다. 기초 교과목은 해부학, 생리학, 병리학 등으로 나뉘고, 전공 과목도 성인간호학, 모성간호학, 아동간호학, 지역사회간호학, 정신간호학, 간호관리학, 기본간호학, 보건의약관계법규 등으로 구분된다. 이는 과학에 치중된 20세기 사고방식에 머물러 있는 것이다. 간호학은 인간을 다루는 학문으로서 사회·물리적 환경에서 존재하는 인간의 건강과 상호작용을 다뤄야 하며, 복잡한 생명윤리 딜레마 상황에서 사고하고 고찰할 수 있는 통합된 교육 과정으로 진행되어야 한다.

팀으로 일할 수 있는 역량을 키우는 교육

학생들에게 조별과제를 출제하면 하나같이 난색을 표한다. 학생들에게 조별과제가 얼마나 큰 스트레스인가 하면 조별과제에 대한 개그 프로그램도 나오고 있으며 관련 밈이 범람할 정도다. 교수자 입장에서도 조별과제는 부담스럽다. 평가에 대한 스트레스(같은 조는 무조건 같은 점수를 줘야 하는가, 또 같은 조에서 점수를 다르게 주면 어떻게 차이를 줄 것인가)도 있고, 가끔씩은 조원 간 갈등이 심각해 중재를 해야 하는 경우도 있다.

조별과제는 학생들에게 팀으로 일할 수 있는 기회를 제공해서 사람-사람 간 조율을 통해 각자 역할을 분배하고 성과를 발표

할 수 있도록 하면서 협동심, 책임감, 리더십을 기를 수 있기 때문에 자주 사용된다. 그러나 그 취지가 무색하게 학생들은 무임승차, 시간낭비, 인간관계 갈등 등으로 조별과제를 많이 힘들어하고 있다. 오히려 각자 업무를 분명하게 선 그으며 부족한 학생을 배척하고 개인 과제만큼 노력하지 않기도 한다.

간호사는 보건의료 현장에서 다양한 보건의료 인력과 팀으로 일하기 때문에 팀에서 의견을 조율하고 팀원 및 팀장으로서 성공적으로 업무를 해낼 수 있는 능력이 반드시 필요하다. 그런데 정녕 일반적인 조별과제 방법으로 이러한 능력을 키울 수 있을까? 이제 더 이상 과거 방식의 조별과제를 고집하지 않아야 한다. 단순히 과제를 해결하기 위한 조별과제를 제시할 것이 아니라, 실제 업무에서 팀으로 성과를 낼 수 있는 주제를 제시해야 한다.

예를 들면 지식적인 자료 수집을 하기 위한 과제는 조별과제로 적절하지 않다. 그 주제가 팀으로 반드시 달성해야 교육적 효과가 있는 것인지 확인해야 한다. 그리고 교수가 조별과제를 제출만 하고 방치하고 방관하다가 결과물만 받아보는 것이 아니라 중간중간 개입해 조원들끼리 의사소통이 적절히 이루어지고 있는지 합의한 대로 협력을 하고 있는지 점검해야 한다.

임상 실습의 대혁명

내가 학생이던 시절부터 지금까지 임상 실습 시스템이 동일하다. 자대병원이 없는 간호학과에서는 교수가 개인 인맥을 총동원해서 실습 기관을 물색해야 하며, 학생들은 어느 지역으로 실습을 나가든지 숙소를 알아서 해결해야 한다. 3~4학년 학생들은 학기의 절반 이상을 병원에서 실습하며 보내고 있는데, 그 중요성만큼 체계는 뒷받침되지 못하고 있다. 병원 현장에서는 간호사들이 학생 실습 지도를 하더라도 어떠한 권한과 보상이 주어지지 않고 학생 지도의 책임만 진다. 가뜩이나 바쁜 업무에 학생들까지 지도하는 것은 엄청난 교육적 사명이 있지 않고는 실상 하기 어렵다. 이러한 간호사들의 사정을 알면서도 학생들은 적절한 실습이 이루어지지 않는 것을 서운해하고 속상해한다. 실습지 병원 근처에 숙소를 개인 사비로 구해 생활하면서 병원 직원이 아닌데도 최선을 다해 실습생으로서 본분을 다하는데 간호사들이 제대로 알려주지 않으니 속상할 수밖에 없는 것이다.

환자와 보호자들은 학생들의 실습을 탐탁지 않아 한다. 실습생이 환자를 본다고 해서 병원비를 덜 내는 것도 아닌데, 왜 나를, 우리 가족을 면허가 있는 의료인이 아닌 학생들이 담당하는지 이해할 수 없다. 이러한 환자와 보호자들의 입장 때문에 산부인과와 아동병원의 실습은 어려운 실정이고, 특히 산부인과에서는 남학생 실습을 완강하게 거부하기도 한다. 이러한 상황에서 어떻게 질 좋은 임상 실습을 할 수 있을까. 아무리 생각해도 정책적인 접근 없이는 불가능하다.

임상 실습의 대혁명이 일어나야 한다. 대학에 따라서 실습지가 좌우되는 것이 아니라, 보건복지부나 지자체에서 실습지 기관을 먼저 선정하고 선정된 기관에 학생들을 할당하는 것이다. 이 경우 실습지에는 충분한 보상을 해서 실제 학생들을 지도하는 간호사들이 자부심을 느낄 수 있어야 한다. 실습생들의 숙소도 학생이 개별로 구하는 것이 아니라, 정부에서 확보하고 신청을 받아 학생들이 안전한 환경에서 실습을 할 수 있도록 해야 한다.

다양한 프로그램을 활용한 비대면 수업

코로나19 이후로 이제 줌, 동영상 등을 이용한 비대면 수업이 어색하지 않다. 이제 대면 수업과 비대면 수업이 공존하는 시대라고 봐도 무방하다. 그런데 이렇게 비대면 수업이 늘고 중요해지는 와중에 아직도 비대면 수업의 중요성을 간과하는 교수자가 많다. 비대면 수업은 더 이상 대면 수업의 대체 또는 대안이 아니다. 교육 내용에 따라서는 비대면 수업 자체로 더 효과적인 것이 있다. 그리고 비대면 수업에 동영상만 보여주는 것은 수업 시 동영상을 틀어주는 것과 같다. 단순히 동영상을 보여주는 것에 그치지 않고 수업 효과를 높이기 위해서는 적절한 프로그램을 활용해야 한다.

Tip 수업 효과를 높이는 무료 추천 프로그램

- 알PDF: PDF를 다양한 포맷으로 변환할 수 있고, PDF 합치기, PDF 용량 줄이기, 수정 등 PDF를 자유롭게 편집할 수 있다.
- Drawboard PDF: 종이에 펜으로 글씨를 쓰듯 PDF 파일 위에 필기할 수 있다.
- 네이버 카페, 다음 카페: 비공개로 개설해서 파일, 동영상 등 수업 자료를 업로드해 학생들에게 공유할 수 있다.
- 네이버 밴드: 사진, 파일, 동영상 등의 업로드가 가능하다. 네이버 카페와 비슷하지만 스마트폰으로 관리하기 쉽다.
- 네이버 폼, 구글 폼: 설문을 작성하고 링크로 공유해 취합할 수 있고, 결과도 바로 취합되어 데이터 분석이 가능하다.
- 클로바노트: 음성된 파일을 텍스트만 추출해 문서로 생성해 준다.
- 클로바더빙: 텍스트만 있으면 다양한 목소리로 읽어준다.
- 줌: 비대면 실시간 화상 회의가 가능하다.
- 곰믹스: 동영상, 음성파일 등 영상 편집을 할 수 있다.
- 미리캔버스, 망고보드: PPT, 현수막, 포스터, 문서 양식 등 다양한 문서 자료 디자인을 쉽게 할 수 있다.
- 모바일 팩스: 실물 팩스 기기가 없더라도 스마트폰을 통해 팩스 전송 및 팩스 수신이 가능하다.
- 카카오톡 오픈채팅: 카카오톡에서 별도의 친구 추가 없이 단체 채팅방을 만들 수 있다. 공지사항, 투표 등 수업 내용을 전달할 수 있는 공지가 가능하고 참여자 내보내기(강퇴)가 가능해서 일반적인 카카오톡 채팅방보다 관리하기 쉽다.

순응보다는 혁신을,
안주보다는 전진을 추구하라

변화하는 외부 vs 시스템이 변하지 않는 내부

뉴스와 신문을 비롯해 미래를 예측하는 책들과 많은 지식인들이 4차 산업혁명과 그로 인한 급속한 변화를 이야기한다. 그러나 굳이 눈과 귀를 바깥으로 돌리지 않더라도 세상이 급속도로 변하고 있음은 이미 많은 사람들이 실감하고 있다. 그래서 대부분의 사람들은 새로운 시대, 새로 맞이할 변화의 시대를 준비하려고 하지만 뜻대로 되지 않는다. 과거 없이 현재는 가능하지 않기에 현재 존재하는 많은 것들은 새로운 것이 아닌, 거의 과거의 산물이기 때문이다.

사회, 환경, 사람뿐만 아니라 조직도 마찬가지다. 과거로부터 내려온 것들이 오늘을 있게 하는 것이다. 그중에서 특히 병원은 더욱 그렇다. 병원의 기술, 환경, 구조 등이 변화되고 최첨단을 향해 나아가지만 의사, 간호사, 영양사, 의료기사 등의 보건의료 인력과 시스템은 여전히 과거의 연장선상에서 동일하게 존재하고 있다.

이러한 조직 속에서 개인 혼자 다른 시간을 살아갈 수는 없다. 결국 의사는 의사로서, 간호사는 간호사로서 존재해야 한다. 시대의 흐름에 따라 간호사의 업무가 전문화되고 역할도 넓어진 것은 사실이지만, 간호사가 대상자를 위해 간호를 제공하는 본질은 변하지 않는다. 그래서 변화된 역할과 업무에 비해 간호사가 하고 있는 일과 시스템은 여전히 과거와 동일한 경우가 많다. '간호부장–간호과장–수간호사'로 이어지는 간호사 집단의 조직 구조가 그렇고, 연차에 따라 부여된 업무 범위 등이 그렇다. 조직의 혁신이 말처럼 쉽지 않은 것이다.

결국 간호사들은 창의력을 발휘하기 어렵고 업무에 몰입하기 어렵게 된다. 신규 간호사에게는 신규에게 주어진 일만 잘하길 바란다. 경력이 제법 쌓인 간호사에게도 간호 업무를 잘 해내길 기대하지 기획력이나 홍보력을 발휘할 것을 기대하지 않는다. 더러는 참신한 아이디어를 갖추고 있는 간호사가 풍부한 기획력과 발 빠른 순발력으로 조직에 새로운 제안을 한다 하더라도 간호사가 그러한 일을 하도록 지원을 하거나 독려하는 법이 없다. 창의력과 사고력, 발상의 전환은 그 상태대로 사장된다. 간호사들은 그저 간호만 충실하게 하는 과거의 역할에만 머물기를 조직이 원하기 때문이다.

"아르바이트생들은 왜 몰랐을까요?"

처음 병원에 입사해서 학생검진센터 업무를 도와주러 파견을 나간 적이 있었다. 학생검진센터에서는 병원과 협약을 맺은 학교의 학생들이 와서 검진을 받았는데, 주로 수업이 없는 토요일에 학생들이 몰렸다.

그렇게 학생들이 한바탕 검진을 받고 가면 결과지를 정리해서 학교로 보내야 했다. 그래서 검진 외에도 몇백 명이 넘는 결과지를 출력하고, 개별 이름이 써진 봉투에 결과지를 넣고 봉투를 봉해서 보내는 작업을 추가로 해야 했다. 단순 업무이긴 했지만 검사 결과도 정확하게 입력해야 하고 봉투와 결과지의 이름도 정확하게 하나하나 대조해 확인해야 해서 시간이 많이 걸렸다. 야근도 밥 먹듯이 해야 하는 업무량이어서 나 역시 그 일을 도우러 파견된 것이었다.

결과지 동봉 작업을 하는데, 내가 결과지를 봉투에 넣는 작업을 아무리 빨리 한다 해도 결과를 입력하고 출력하는 데까지 시간이 너무 많이 걸려 일이 계속 늦어지고 있었다. 결과 입력에서 출력까지 그렇게 오래 걸릴 일인지 이해가 안 돼서 담당 직원에게 이유를 물었다. 그랬더니 학생 명단 리스트의 이름을 한 명 한 명 타이핑하고 출력하기 버튼을 누르고 하느라 작업 시간이 오래 걸린다는 것이었다.

보통 아르바이트생이 이 업무를 하는데, 아르바이트생을 못 구하거나 부득이하게 빠지는 날이면 출력 업무가 더 늦어져 늘 이 문제로 골치를 앓는다고 했다. 독수리 타법으로 학생 이름을 입력하고 있던 담당 직원은 마침 이런 질문을 한 나를 반기며 타이핑이 빠르면 그 작업을 좀 도와달라고 했다. 그러면서 천 명이 넘는 학생 명단을 주면서 한 명씩 이름을 타이핑하고 출력하기 버튼을 누르고, 출력이 되면 다음 학생을 또 입력해 출력하기 버튼을 누르라고 업무 지시를 했다.

나는 몇천 명이나 되는 학생의 이름을 한 명 한 명 다 입력하고 그걸 다시 출력하고 출력지가 나올 때까지 기다린다는 게 전혀 이해되지 않았다. 프로그램이 이렇게 원초적일 리 없다고 생각했다. 그래서 프로그램 메뉴를 살펴보니 아니나 다를까 '전체 출력하기' 메뉴가 있었다. '그러면 그렇지'. 전체 출력하기 메뉴로 가서 학교별, 학년별, 번호별 정렬로 설정하고 출력하기 버튼을 한 번만 누르니 금세 전체 학생들의 결과지가 출력되었다.

이제 이 지긋지긋한 출력 업무를 하지 않아도 되는구나 싶어 기쁜 마음으로 담당 직원에게 말씀을 드렸다. 나는 병원에서 더 이상 아르바이트생을 쓰지 않아도 되니 경제적으로도 좋고, 학교에 학생 검사 결과지도 빨리 전달할 수 있게 되어 왜 이렇게 늦냐는 항의를 받지 않아도 되기 때문에 담당 직원이 무척 좋아할 것이라고 생각했다. 하지만 내 이야기를 다 들은 담당 직원은 반가워하기는커녕 얼굴이 사색이 되더니 아무에게도 이 이야기를 하지 말라고 신신당부했다.

담당 직원의 입장은 이랬다. 검사지 출력에 시간이 너무 많이 걸려서 본인의 요청으로 그동안 대학생 아르바이트생을 고용하면서 꽤 많은 인건비가 지출되었는데, 이제 와서 병원 측에서 이 사실을 알게 되면 자기에게 그 책임을 물을까 봐 두렵다는 것이었다. 가뜩이나 능력이 없다고 무시받고 있는데, 그렇게 간단한 일도 제대로 못해서 아르바이트생을 구했다고 책망을 받게 되면 재계약도 어렵고 본인이 이 조직에서 살아남을 수 없을 것 같다며 사정사정을 했다.

그러면서 그 담당 직원은 다음과 같이 물었다. "나는 나이가 많아 프로그램 사용에 익숙지 않다고 해도 왜 아르바이트생들은 그걸 몰랐을까요?"

'모르는 것'과 '모른 체하는 것'

나는 분명 이곳에 아르바이트를 하러 온 학생들은 이 간단한 메뉴를 알았을 것이라고 생각했다. 그러나 2가지 이유에서 담당자에게 보고하지 않았다고 생각했다.

첫 번째는 담당자가 업무 지시를 할 때 나에게 했듯이 이름을 하나하나 입력하라고 지시했고 아르바이트생은 별다른 의심 없이 그대로 했을 가능성이다. 그저 시키는 대로 해야만 하는 줄 알고 의문도 갖지 않고 기계적으로 업무를 했을 것이다.

두 번째는 아르바이트생이 좀 더 간편한 매뉴얼을 발견해서 담당자에게 알릴까 싶다가도, 그렇게 되면 남는 시간에 다른 업무를 시킬 수도 있으니 자신이 발견한 방법대로 업무를 빨리 마쳐놓고도 최대한 시간을 때우면서 버텼을 가능성이다.

그 2가지 가능성 가운데 어느 쪽이 진실에 가까운지는 알 수 없지만, 어쨌든 나는 나보다 한참 나이가 많은 담당 직원이 두려워하며 울먹이는 표정에 마음이 아파서 아무에게도 이 일을 말하지 않기로 했다. 그러나 그 후로도 몇 차례 비효율적인 업무가 반복되는 사건들이 있었고, 나는 그것을 보고할 수도 없는 한계에 답답함을 느끼고 그 병원에서 퇴사하게 되었다.

조직의 이름으로가 아니라, 나 자체만의 실력으로

대한민국에서 '대기업'의 위상은 퍽 높다. 지인이나 건너 건너 아는 사람이 대기업에 다닌다고 하면 주위의 반응은 '성공했네', '그 어려운 데를 다 들어가고 훌륭하네'의 반응이 자연스럽게 나온다. 남들의 부러운 시선을 받거나 우러러보는 측면도 있는 게 사실이다. 이는 대기업이 연봉이나 복지 측면에서 좋기 때문이기도 하지만 보편적으로 대기업이 계약 관계에서 '갑'의 위치를 차지하기 때문인 경우도 많다. 상대적으로 '을'의 위치일 수밖에 없는 중소기업이나 아주 소규모의 하청 회사에 비해, 대기업 직원은 입김도 셀뿐더러 회사 명함으로 할 수 있는 권한도 많다.

대기업을 퇴사하고 나오면 말은 또 달라진다. 만약 대기업을 퇴사하고 나온 후에도 탄탄한 실력으로 다른 일을 하고 있다면 문제가 없겠지만, 그렇지 않다면 대기업 타이틀이 사라지기 때문에 대기업 직원으로서 받던 부러움과 동경은 일순간에 사라지게 된다. 회사에 적을 둘 때와 그렇지 않았을 때의 괴리가 하늘과 땅 차이만큼 난다. 이게 보편적인 직장인들의 상황이다. 병원에서 일하는 간호사들도 마찬가지다. 대형병원 간호사가 소형병원 간호사보다 더 어깨를 으쓱거리며 자랑스러워하는 것이 현실이다.

조직에서는 개인보다 조직이 우선인 것을 기억해야 한다. 조직에 있는 개인은 아무리 열심히 일을 하더라도 조직의 성과일 뿐이고, 조직에서 월급을 받기 때문에 조직을 거스르는 것도 쉽지 않다. 혁혁한 공을 세우고 유능하게 업무를 했다 하더라도 그만두고 나면 조직에서는 금방 잊혀진다. 또 다른 사람이 대체자로 그 자리를 채우면서 조직은 계속 유지된다.

따라서 중요한 것은 내 앞에 붙는 '조직명'이 아니라 '나 자체'이다. 그래야 조직을 떠나더라도 개인인 '나'로서 가치를 가질 수 있다. 만약 조직을 떠난 나 자신이 별 볼일이 없어진다면 조직에 몸담고 있었던 시간이 아쉬울 따름이다. 결국 내가 실력을 쌓으려면 조직 속의 내가 아닌 진짜 나의 실력을 쌓아야 한다.

대학원 진학이 어려운 간호사들

학생들은 조별과제를 싫어한다. 나 역시 학교 다닐 때 조별로 과제하는 것이 너무 부담스러웠다. 아무리 역할 분담을 잘 해도 팀 프로젝트를 하다 보면 무책임한 몇 명은 반드시 있었고, 결국 조별과제 독박을 쓸 때가 한두 번이 아니었다. 시험 공부도 해야 하고 자격증도 따야 하는데 혼자 자료를 수집하고 PPT까지 만들고 나면 억울한 기분도 들었다. 그래도 한번 맡으면 책임을 져야 하는 성격 탓에 기분이 상하는 상황이 있어도 꾸역꾸역 과제를 마무리했다.

대학원에 진학하니 대부분 수업이 발표 수업으로 진행되었다. 개인 발표도 있었지만, 대부분 조별로 주제를 정해서 과제를 하고 발표하는 것으로 진행되었다. 간호학 전공 대학원은 다른 전공과는 좀 다른 면이 있다. 보통 타 전공은 학부 졸업 후 바로 취업을 하거나, 취업을 하지 않고 대신 대학원에 진학해 학문을 깊이 탐구하는 경우가 많다. 대학원 졸업 후 연구직 분야에 취업을 하거나, 아니면 대학원에서 학문의 깊이를 쌓아 학자로 진출하려는 것이다. 그래서 타 전공 대학원생들은 20대가 제법 많다.

반면에 간호학 전공 대학원은 다르다. 간호사들은 병원에 취업하고 바로 대학원에 진학하기 어렵다. 일단 대학원에서 학생을 선발할 때도 어느 정도 간호사의 경력이 있는 사람으로만 선발하기도 하지만, 병원 자체에서도 연차가 낮은 간호사들에게는 대학원 진학을 권장하지 않는다.

병원에서는 24시간 교대로 근무가 돌아가기 때문에 모든 간호사들이 주말에도, 밤에도 일을 하게 된다. 만약 병동에 대학원 다니는 간호사가 있으면 그 사람이 학교 가는 시간을 빼줘야 하기 때문에 근무 스케줄을 짜는 것이 어려워진다.

그런데 한 병동에 대학원 다니는 사람이 많다면 더 문제가 된다. 예를 들어 목요일에 대학원 수업이 있는데 그 대학원 수업에 3명의 간호사가 간다고 하면, 다른 간호사들은 목요일에 무조건 근무를 해야 한다. 그렇게 서로 배려하면서 대학원 진학을 하게 되는데, 신규 간호사가 입사하자마자 대학원에 간다고 하면, 그동안 다른 사람이 대학원 가는 것을 배려했던 간호사들이 억울한 입장이 된다.

결국 이런저런 사유로 어느 정도 연차가 있어야 대학원에 진학할 수 있게 된다. 그것이 정해진 규정은 아니지만, 간호사 사회에서 어느 정도 암묵적 룰로 지켜지고 있는 부분이다.

실력으로 돌아온 '조별과제 독박'

나는 병원에 다니지 않았기 때문에 20대에 대학원에 진학할 수 있었는데, 같이 다닌 대학원 동기들은 수간호사나 책임간호사 등 연차가 꽤 많은 40~50대 간호사들이 많았다. 그분들은 병원에서 관리자로 일을 하면서 대학원 수업까지 듣고 과제도 해야 해서 무척 바빴다.

집에서는 육아까지 해야 하고, 딸로서 며느리로서 챙길 가정의 대소사도 많았다. 체력도 젊은 사람과는 달라서 온종일 공부하고 과제하는 것이 만만치 않은 과정이었다. 그런 상황에서 조별과제 폭탄이 떨어지니, 얼마나 힘들었을지 충분히 상상이 된다. 그래서 나는 조별과제의 대부분을 자청해서 했다. 자료 수집도 열심히 했고, PPT를 만드는 것까지 나서서 다른 사람의 몫까지 최선을 다했다. 혼자 많은 분량의 과제를 해도 억울하다는 생각을 하지 않았고, 오히려 나이 많은 동기들을 조금이라도 도울 수 있어 다행이라고 생각하며 열심히 했다.

몇 년 후 생각지도 못하게 나의 역량이 커져 있는 것을 알게 되었다. 자료를 수집하는 노하우가 생겨서 어느 사이트에 어떤 정보들이 있는지, 어디서 자료를 찾으면 되는지, 누가 이 분야에 전문가인지 등 남들보다 빠르게 자료에 접근할 수 있는 역량이 생겼다. 또 PPT도 많이 만들어놓아서 비슷한 과제에서 사용하는 PPT 양식은 새로 디자인하지 않아도 쉽게 수정해 사용할 수 있었다.

기존에 PPT를 만들기 위해 수집했던 사진, 그림, 음원 파일들도 누적되어서 아무 자료 없이 PPT를 만드는 사람보다 빠르게 PPT를 만들어낼 수 있었다. 이러한 역량이 결국 연구를 하고 논문이나 보고서를 쓰는 데도 큰 도움이 되었다. 결국 혼자 조별과제를 했던 시간이 나 자신의 역량을 엄청 키우는 시간이 된 것이었다. 한 사람이 한 명의 분량만 한 것이 아니라, 서너 명이 하는 분량을 했으니 말이다.

간호사에게는 혁신과 전진이 필요하다

병원은 다른 모든 조직 중에서 가장 늦게 바뀌는 조직일 것이다. 병원 조직에서도 또 가장 늦게 바뀌는 조직은 간호사 조직일 것이다. 이는 간호 업무의 본질이 매우 보수적이어야 하는 데 근본 원인이 있다. 환자를 가장 일선에서 봐야 하는 업무 특성상, 새로운 제도나 방식을 받아들이는 데 매우 신중할 수밖에 없기 때문이다.

그래서 나는 더더욱 혁신과 새로운 발상의 전환이 필요한 곳이라고 늘 주장한다. 그런 점에서 순응하지 말고 언제나 혁신을 추구해야 할 필요성이 있다.

새로운 차세대 간호사들에게 내가 바라고 또 요청할 덕목은 바로 '혁신'과 '전진'이다. 제아무리 세상이 변하고 천지가 개벽한다고 하더라도 새로운 생명은 태어나고 살고 죽는다. 고귀한 생명의 태어나는 순간과 죽어가는 그 모든 순간에 간호사는 사람의 곁을 지켜낸다. 이 생명을 살리는 것은 기존의 지식과 기술만으로는 불가능하다. 사람을 살리고 사람들의 생명에 숨결을 넣기 위해 간호사가 먼저 혁신해야 한다. 앞으로 나아가야 한다. 그것은 간호가 발전하는 길이면서, 사람들이 살아나는 길이기도 하다.

3장

상위 1% 뉴칼라 간호사가 일하는 법

내 환자는 내가 책임진다

간호사는 혼자 일하지 않는다

간호사들은 의사, 의료기사, 간호조무사, 약사 등 수많은 보건의료 인력과 함께 근무한다. 그중에서 특히 의사와 간호조무사와는 밀접하게 업무를 하는 관계다. 먼저 의사와의 관계에서 간호사는 의사 처방과 무관한 독립적인 간호 업무를 하는 경우도 있지만 의사의 처방에 따라 수행해야 하는 간호 업무도 있다. 간호조무사와의 관계에서 간호사는 간호조무사가 수행하는 업무 보조를 지도해야 하는 위치다. 간호사는 대학에서 4년의 과정을 거쳐 '면허증'을 취득해야 하고, 간호조무사는 1년의 과정만 거쳐 '자격증'을 따기 때문에 업무 범위와 책임이 다르다. 그래서 보통 나이가 어린 간호사라도 나이가 많은 간호조무사에게 업무

지도를 하고 있어서 많은 간호사들은 간호조무사에게 무언가를 배운다는 생각을 하지 않고 오히려 가르쳐줘야 한다고 생각한다.

나도 그랬다. 간호사의 일은 간호사의 일이고, 간호조무사의 일은 간호조무사의 일이라고 생각했다. 서로가 각자 업무를 책임 있게 하면 되기 때문에 간호조무사들이 도움을 요청하기 전에는 먼저 간호조무사들이 하는 일에 관심을 두지 않았다. 그래서 간호조무사와 많이 대화할 일이 없었고, 같은 병동에서 일을 한다고 하더라도 친해지기도 쉽지 않았다.

환자를 위해 기도하는 간호조무사를 만나다

나의 이런 획일적인 경계와 나누기가 잘못되었다고 생각하게 된 계기는 20대에 근무하던 병원에서 한 간호조무사를 만나면서부터였다. 당시 내가 일한 병원에 근무하던 그분은 50대 정도로 내 어머니와 같은 또래였다. 그분은 항상 밝은 얼굴로 출근하면서 큰 목소리로 주위 사람들에게 인사를 건넸다. 물론 일하고 있는 내게도 인사를 했는데, 그분은 늘 내가 하는 일에도 관심을 갖고 물어보곤 했고 나를 딸 보는 것 같다며 예뻐했다. 가끔 시간이 날 때 대화도 하면서 친해지게 되었다.

그분은 출근할 때 항상 두꺼운 노트 한 권을 품에 안고 다니며 일했고 퇴근할 때도 그 노트를 꼭 껴안고 퇴근을 했다. 어느 날

나는 그 노트의 정체가 너무 궁금해져서 그 노트가 무엇인지 물어봤다. 그분은 별거 아니라며 말하기 부끄럽다고 했지만, 내가 계속 궁금해하자 노트를 살짝 보여줬다.

노트에는 우리 병동 전체 환자의 이름과 그들에 대한 기도 제목이 쓰여 있었다. 신실한 기독교 신자였던 그분은 환자들의 삶과 영의 회복을 위해 헌신하고자 간호조무사가 되었다고 했다. 실제로 일하면서 환자들을 위해 간절하게 기도하고 있었다. 나도 기독교인이었지만 그렇게 남을 위해서 체계적으로 기도해본 적은 많이 없었는데, 그 간호조무사는 매일 환자를 살피며 기도로 자신이 할 수 있는 최선을 다하고 있었다. 그날 이후 나 역시 환자를 대하는 태도가 달라졌다. 신체적인 것뿐 아니라 정신적이고 영적인 부분까지도 좀 더 관심을 갖고 세밀하게 살피게 되었다.

간호는 이론을 현장에 실천하는 최전선의 영역이다

대학에서 간호사는 대상자의 신체적, 정신적, 영적인 모든 부분을 총체적으로 보살피고 간호를 제공하는 것이라고 배운다. 그러나 바쁜 업무에 지쳐 신체적인 돌봄에만 급급할 때가 많다. 하지만 이론에서 배운 것을 실제 임상에 적용해야 한다. 그것이 아무리 힘들고 어렵더라도 이론에서 정리해놓은 원칙을 그대로 적용하는 것이 습관이 되어야 실수가 없고, 온전한 간호를 제공할 수 있게 되는 것이다.

간호사가 아무리 똑똑하고 일을 아주 잘한다고 하더라도 간호사만으로 환자를 살릴 수는 없다. 의사 역시 마찬가지다. 의사가 아무리 수술을 잘했어도 마취에서 회복되는 사이에 환자를 소홀히 돌보거나, 병실에서 제대로 돌보지 않으면 부작용이 발생하고 환자 생명까지 위험해질 수 있다. 환자의 건강을 완벽하게 예술적으로 이끌어내기 위해서는 병원 구성원 한 명 한 명이 중요하다. 이를 위해서는 간호조무사들과의 협력도 필수적이다.

간호학과에서는 간호학을 전공하는 학생들만 모아놓고 간호 교육을 시키기 때문에, 다른 인력과의 협력이 얼마나 중요하고 협력을 해야만 하는 일이 얼마나 많은지 잘 생각하지 않는다. 그러나 학교에서 배우는 이론을 실제로 적용할 때는 간호사끼리 일하는 것이 아니라 많은 보건의료 인력과 함께 일해야 한다.

이들과 협력(Co-work)이 안 되면 간호사 혼자 알고 있는 똑똑한 지식은 소용없다. 간호 업무는 이론을 현장에 적용하는 최전선, 최전방에 선 일들이다. 간호사든 타 보건의료 인력이든 서로의 역할을 제대로 하며 병원의 기초 체력을 쌓는 일꾼이 되어야 하는 이유가 여기에 있다.

찾아서 일하자 실력이 향상되었다

20대에 노인병원에서 근무를 한 적이 있었다. 노인병원은 종합병원보다 일은 편하지만 보수가 적은 것으로 알려져 있어 보통 20대 젊은 사람들이 노인병원에서 일하는 경우는 드물다. 그래서 간호사 취업 시 규모가 큰 종합병원은 젊었을 때 돈도 많이 벌고 경험을 쌓기 위해서 가는 곳이고, 노인병원은 나이가 들어 일과 가정을 양립하기 위한 목적으로 가는 곳으로 인식되어 있다. 이런 이유 때문에 노인병원 간호사들의 나이는 많은 편이다.

나는 학업과 병행하기 위해 비교적 어린 나이임에도 노인병원에 다니게 되었다. 노인병원이기 때문에 업무도 많이 없었지만, 종합병원에 비해 체계도 갖춰져 있지 않아 업무 매뉴얼 같은 것이 구비되어 있지 않았다. 그런데 나는 누가 시키지 않았는데도 각종 업무를 목록으로 만들고 목록별 매뉴얼을 만들었다. 병동이 칙칙하다는 기분이 들어서 사비로 문구사에서 색지를 사서 간호사실과 병동을 꾸미기도 했다. 선배 간호사들은 누가 시키지도 않은 일을 알아서 찾아 혼자 해내는 나를 대견해했다.

또 병동 간호사들은 주로 3교대 근무를 한다. 낮번(D), 초번(E), 밤번(N) 근무로 이루어지는데, 간호사들은 주로 데이(D), 이브닝(E), 나이트(N) 근무라고 말한다. 병원마다 차이는 있지만 대략 데이(D) 근무는 오전 7시, 이브닝(E) 근무는 오후 3시, 나이트(N) 근무는 밤 11시에 출근해 8시간 근무를 하는 것으로 보면 된다. 이런 경우 근무표상 이브닝(E) 다음날 데이(D) 근무를 하는 것을 부담스러워한다. 밤 11시에 퇴근해서 집에 가면 자정이 넘어 잠자리에 들게 되는데, 출근 시간이 아침 7시까지여서 잠을 몇 시간 자지 못하고 바로 출근해야 하기 때문이다. 그래서 이브닝(E)–데이(D) 근무 스케줄을 짜지 않도록 하고 있지만, 간호사들이 서로 쉬고 싶어 하는 날이 겹치면 부득이 이브닝(E)–데이(D) 스케줄을 받게 된다. 나는 이브닝(E)–데이(D)도 괜찮다고 했기 때문에 나의 희생으로 선배 간호사들은 거의 대부분 원하는 날에 쉬는 날을 받을 수 있었다.

내가 이브닝(E)–데이(D)를 감수했던 이유는 퇴근을 하지 않았기 때문이다. 이브닝 근무를 하고 집으로 가지 않고 간호사실을 정리하거나 매뉴얼을 만들거나 관련 약품이나 검사 방법을 공부했다. 너무 피곤하면 비어 있는 침대에서 살짝 쪽잠을 자거나 보호자 침대에서 자고 일어나 그 상태로 데이 근무 일을 시작했다.

병동 매뉴얼을 만들거나 환경을 정리하는 일 등은 누가 시켜서 하는 일이 아니었다. 단지 그 일을 누군가가 하면 좋을 것 같다고 생각했는데, 특별히 간호사에게 배정된 업무가 아니어서 누가 나서서 할 사람이 없을 것 같았고, 또 안 해도 그만인 일이어서 누군가에게 하라고 할 수도 없는 일이었다. 그래서 내가 알아서 자료를 찾고, 타 병원의 사례를 조사해 만들었다. 누군가는 그런 나를 치켜세우고 칭찬을 하면서도 "시키지도 않았는데, 왜 쓸데없이 그런데 자신의 개인적 시간을 쓰냐?"라고 궁금해하며 묻기도 했다. 그러나 나는 그 과정에서 관련 정보를 습득하며 실력을 갖출 수 있게 되었고, 업무 시스템을 분석하면서 분석력을, 스스로 사고하고 판단하면서 리더십 역량을 함양할 수 있게 되었다.

내가 생각하는 진정한 간호사는 환자의 돌봄뿐 아니라 마음과 영혼까지 기도할 줄 아는 간호사이며, 내가 생각하는 상위 1% 간호사는 이론과 현장의 갭을 줄이기 위해 끊임없이 노력하는 간호사다. 노인병동에 근무했을 때의 그 경험은 나 개인의 자산이 되어 병원 근무를 할 때는 물론이고 대학원 공부를 할 때, 교수로서 업무를 할 때도 나의 든든한 기반이 되었다.

진심으로 사람의 마음을 이끄는 간호사

간호사 면허증은 인생에 새겨지는 흔적

간호사가 되기 위해서는 전문대학이나 일반대학의 차이 없이 무조건 4년제 간호학과를 졸업하고 간호사 국가시험(줄여서 '국시'라고 함)을 봐야 한다. 간호사 국시는 합격률이 90% 이상으로 상당히 높은 편이다. 그러나 합격률이 높다고 해서 시험이 쉽다는 의미는 아니다. 4년간 학과 공부를 꾸준하고 성실하게 해온 사람이라면 충분히 합격할 만한 수준의 시험이라는 의미이고, 또 그만큼 예비 간호사들의 성실도가 전체적으로 높다는 의미로 받아들여야 할 것이다.

국가시험에 합격하면 보건복지부 장관이 인정하는 간호사 면허증을 발급받는다. 면허증에 쓰여 있는 면허 번호는 대한민국에서 단 한 사람을 위해 존재하는 고유한 번호이며, 이 번호로 간호사임이 증명된다.

간호사 면허를 힘들게 취득해도 간호사로 취업하지 않는 간호사들도 많다. 간호사 면허증이 필요하지 않은 분야에서 일하는 경우다. 그중에는 의사, 변호사, 변리사, 손해사정사, 사회복지사 등 다른 전문 자격을 취득해 일하는 간호사들도 있다. 그러나 다른 직업을 가졌다고 해서 간호사라는 사실이 사라지는 것은 아니다. 의사가 되었다고 하더라도 '간호사 출신' 의사, 변호사도 '간호사 출신' 변호사라고 할 수 있다. 어찌 보면 국적도, 이름도, 심지어 본적도 바꿀 수 있는 세상에서 간호사 출신이라는 것은 없앨 수 없는 사실이기 때문에 한 번 간호사 면허증을 땄다면 평생 '간호사'라는 책임감을 달고 사는 셈이다.

어디에 있든 '간호사는 간호사다'

사람들은 흔히 간호사는 '환자'를 간호하는 사람이라고 생각한다. 이는 절반은 맞지만 절반은 틀린 내용이다. 환자만 간호하는 것이 아니기 때문이다. 간호사가 제공하는 간호는 모든 개인, 가정, 지역사회를 대상으로 건강의 회복, 질병의 예방, 건강의 유지와 그 증진에 필요한 지식, 기력, 의지와 자원을 갖추도록 직접 도와주는 활동이라고 정의할 수 있다. 즉 예방과 재활같이 당장 치료가 시급하지 않은 사람을 돕는 것도 간호인 것이다. 간호의 초점은 병을 치료하는 것이 아니라, 사람을 돌보는 것이다. 아프든 아프지 않든, 병든 사람이든 건강한 사람이든 상관없이 사람이 사람답게 살아갈 수 있도록 돌보고 살피는 것, 그것이 간호사의 역할이자 사명이다.

간호사 면허를 가지고 승무원으로 근무한다고 하더라도 '간호사'라는 책임감에서 벗어나는 것은 아니다. 이때는 승무원 역할을 하면서 기내 승객들의 건강과 안전까지 살피는 역할을 더 할 수 있다. 나 역시 간호사 면허증이 있지만, 현재 병원이나 보건소 등 지역사회 건강관련센터에서 일하지 않고 대학에서 학생을 가르치고 있다. 그래도 나는 간호사다. 나의 경우에 간호 대상자는 우리 학생들이라고 생각한다. 학생들이 건강하고 성숙한 간호사로 성장할 수 있도록 간호하는 간호사인 것이다.

이렇듯, 간호사 면허를 가지고 있다는 것은 언제 어디서나 내가 대하는 모든 사람들을 간호할 마음을 먹는다는 의미라고 볼 수 있다. 나의 자녀, 나의 부모님, 나의 친구 등 세상에 많은 사람들이 모두 내가 돌볼 수 있는 나의 대상자다.

타인의 인생을 지키고 돌봐주는 것이 곧 간호다

내가 생각하는 간호사의 정의는 '사람의 인생을 변화시키는 사람'이다. 폐가 좋지 않아서 담배를 피우면 안 되는 대상자에게 아무리 금연하라고 교육해도 담배를 지속적으로 핀다면 교육은 무용지물이다. 그러면 이 대상자에게 금연 교육만 반복할 것이 아니라 실제로 금연할 수 있는 방법을 모색해 해결해줄 수 있어야 한다.

이처럼 변화는 지식으로 존재하는 것이 아니라 실재해야 하며 행동으로 나타나야 하는 것이다. 간호사는 혼자서 변화하기 어려운 사람에게 할 수 있는 방법을 알려주고 점검해 주면서 건강한 삶으로 이끌어내야 한다. 신체적인 건강뿐 아니라 정신적인 건강도 마찬가지다. 삶의 의욕이 없고 정신적으로 고통받는 환자가 삶의 애정을 갖고 긍정적인 마음가짐을 갖도록 하는 것도 간호사의 몫이다. 단순히 겉으로 나타나는 변화만 있는 것이 이 아니라 내적인 변화, 생각의 변화도 있기 때문이다. 어찌 보면 생각과 인식의 변화가 더 큰 변화일 수 있다. 이렇듯 간호사는 다양한 연령, 다양한 환경의 사람들을 보다 더 나은 삶을 살게 도와줘야 한다.

우리나라에는 아직도 유교사상의 뿌리가 깊게 자리 잡고 있어 20대 젊은이가 60대 어른에게 조언을 하거나 무언가를 가르치는 일을 하기 매우 힘들다. 그런데 간호사만큼은 아무리 젊고 어리더라도 이러한 통념에서 제외된다. 나이 지긋한 어르신에게도 얼마든지 "식사하고 약을 드셔야 합니다", "이렇게 누워만 계시면 안 되니 복도에 나가 걷기 운동 10분 하세요", "금식은 꼭 지키시고 물도 드시면 안 됩니다", "자리에 누우시면 안 되고 똑바로 앉아 계셔야 해요" 등 전문적인 지시와 협조 사항을 요구할 수 있다.

환자들이 나이에 상관없이 간호사가 하는 지시와 요구에 따르는 이유는 단 하나다. '전문적인 지침'에 근거해 지시를 내리기 때문이다. 또한 이들의 요구나 지시는 환자들에게 최대한 건강하고 안전한 간호를 제공하기 위한 것이다. 그런 까닭에 나이 및 사회적 지위와 상관없이 대상자는 간호사의 지시에 순응하는 것이다.

이런 의미에서 간호사들은 사람들의 인생에 신체적, 정신적 건강을 통해 행복한 삶을 살아가도록 인생을 코칭하는 존재라고도 할 수 있다. 세상에 태어나는 순간부터 죽음에 이르는 순간까지 우리는 모두 간호사의 손을 거치며 간호사는 우리 곁에서 함께한다. 간호사라는 직업에 발을 내디딘 그 순간, 이들은 타인의 삶에 관여해서 이들이 건강하고 안락한 삶을 살 수 있도록 도와주는 존재가 되는 것이다.

돌고 돌아 결국에 만난 귀한 인연

20대 중반, 병원에서 일하고 있을 때의 일이다. 간호조무사 세 명이 내가 근무하는 병원에 실습을 나왔는데, 다들 나보다 나이가 많았다. 그중 가장 어렸던 간호조무사 학생이 31세 정도였고 다른 실습생 중에는 40대도 있었다. 그들은 실습 기간 내내 하나라도 더 배우려고 나를 졸졸 따라다니며 열정적으로 실습에 임했다.

실습하는 내내 최선을 다하는 모습에 나도 하나라도 더 알려주려고 하면서 대화를 많이 하게 되었다. 그중 한 분과 이야기를 나눌 기회가 있었다. 그분은 집안 형편이 좋지 않아 고등학교만 졸업하고 20대 이른 나이에 결혼해서 아이들을 낳고 기르면서 육아와 살림만 하며 살아왔는데, 아이들이 초등학교에 입학하고 시간적인 여유가 생기자 예전에 하지 못했던 공부도 하고 취업도 할 겸 간호학원에 다니며 간호조무사 자격증을 준비 중이라고 했다.

그분은 실습을 하면 할수록 환자들을 돌보는 일이 적성과 잘 맞다는 것을 알아서 즐겁고 행복하게 공부하고 있다고 했다. 그러던 중 간호사와 간호조무사의 차이를 알게 되었고, 간호조무사는 아무리 열심히 노력하고 실력이 좋아도 승진을 하거나 간호사보다 연봉을 더 받지 못한다는 것을 깨닫고 살짝 의기소침해졌다고 했다. 그러면서 간호사인 나를 계속 부러워했다. "저도 간호학과에 진학했더라면 얼마나 좋았을까요. 이미 늦어버린 시간이 안타깝습니다." 나는 그분의 말이 계속 귀에 맴돌아 나이가 많아도 얼마든지 대학에 진학할 수 있다고 알려줬다.

"제가 수능 공부를 언제 하겠어요?"

그분은 난감해하며 되물었다. 하지만 수능을 치르지 않고도 간호학과에 진학할 수 있는 다양한 전형 방법이 있다. 나는 그분에게 전국 간호학과 리스트를 정리해 주면서 다양한 입학 전형 방법을 알려줬다. 그리고 간호사의 꿈을 포기하지 말라고 용기를 불어넣어줬다. 늘 밝은 얼굴과 환한 미소로 환자들을 따뜻하게 아낌없이 사랑해 주는 그 실습생의 모습을 보며 이런 사람이 간호사가 된다면 얼마나 더 좋은 역량을 발휘할까 하는 생각이 들었기 때문이다.

실습은 짧게 끝나고 우리의 인연은 거기서 마무리되는 듯했다. 그리고 4~5년 후에 나는 지방 한 대학에서 시간강사를 하게 되었다. 첫 수업 시간에 강의 진행 방식을 설명하고 수업을 마무리하고 돌아가려는데 문자가 하나 왔다.

"안녕하세요 교수님, 처음에 시간표 보고 이름만 같겠지 생각했어요. 첫날 오리엔테이션 때 뵈니까 맞는 것 같아서요. 혹시 예전에 ○○병원에서 실습 받던 나이 많은 학생 기억나세요? 그때 교수님께서는 결혼 안 하시고 공부 중이셨는데요. 제가 간호학과에 가기 힘들어서 방법을 찾고 있을 때 학교 찾아보면 공부해서 할 수 있는 방법이 있다고 이야기해 주시고 주사 놓는 방법도 잘 알려주시고 그때 병원에서 천사 샘이라고 그랬었어요."

이 문자를 보자마자 너무 놀랐다. 아주 반갑기도 하고, 나보다 나이는 많지만 기특하기도 해서 그분에게 그간 세월을 여쭤봤다. 오로지 간호사가 되기 위해, 간호학과에 가고자 하는 열망으로 사회복지학 학점은행제를 통해 학사를 취득했고, 학사편입으로 대학에 입학했다고 했다. 그리고 그곳에서 나를 만난 것이다.

참으로 신기했다. 간호사가 너무 되고 싶어서 몇 년을 노력한 그분을 보면서, 너무나도 쉽게 간호사를 생각했던 나를 되돌아보게 되었다. 적성에 안 맞는다고 불평했던 간호학과 생활이, 너무 힘들다고 불평했던 간호사 생활이, 떨어진 누군가는 간절히 오고 싶어 했던 학과였고, 누군가는 평생 열망하는 직업이라는 것을 말이다. 어쨌든 나는 이러한 경험을 통해 내가 영향력을 발휘하는 것은 단지 환자뿐이 아니라는 것을 강하게 인지했다.

나의 대상자는 학생들이기 때문에 지금 대학에서 학생들을 지도할 때도 허투루 하지 않는다. 이 학생들이 어떻게 생각하고 마음먹느냐에 따라서 삶이 달라질 수도 있다고 생각하고 진심을 다한다. 학생들의 고민을 들어주고, 해결점을 함께 모색하면서 더 나은 인생을 살아가길 응원해 준다. 이런 나의 진심을 아는 학생들은 진심으로 감사해하며 졸업 후에도 계속 연락한다.

인생을 바꾸는 간호사

간호는 간호사의 사명이다. 월급을 받아서 하는 것도 아니고,

누가 시켜서 하는 것도 아니다. 사람을 사랑하기 때문에 내가 스스로 선택한 것이다.

사람들은 인생의 막다른 길에서 돌파구가 보이지 않을 때, 몸이 너무 아파서 사는 것이 고통스러울 때, 내가 무가치하고 아무도 나를 사랑하지 않을 때 외롭다. 이럴 때는 가족조차 위로가 되지 않으며, 어떤 경우에는 되레 가족 때문에 스트레스를 받아 힘들어하기도 한다. 그때 간호사는 좋은 위로자가 될 수 있다. 말 한마디로도 사람의 인생이 변화될 수 있다. 간호사의 진심과 따뜻함 그리고 대상자를 사랑하는 정성으로 사람을 바꿀 수 있다. 이것이 간호의 가치이며, 간호사들의 존재 이유다.

스킬보다 전문성!

이상과 현실의 괴리

얼마 전에 주식전문가가 TV에 나와서 이런 말을 한 적이 있다.

"주식으로 성공하는 사람은 많지 않습니다. 대부분의 사람들이 주식 투자에 실패하지만, 그럼에도 주식 투자를 새로 시작하는 사람들이 생기는 것은 본인은 성공할 수 있다고 믿기 때문입니다. 하지만 대부분의 사람들은 보통 사람들이기 때문에 주식 투자에 실패하기 쉽습니다."

그렇다. 사람들은 타인의 실패를 보면서도 나는 다르다고 생각한다. 많은 간호사들이 입사 후 1년 버텨내기를 힘들어하지만 간호대학생들은 '나는 다르다, 버틸 수 있을 것이다'라고 생각하고 취업을 한다. 하지만 역시나 많은 신규 간호사들이 1년을 채

버티지 못하고 사직을 하는 것이 현실이다.

나 역시 그랬던 것 같다. 대학교, 대학원 석사 과정과 박사 과정을 거치면서 수많은 대학의 교수님들을 보았다. 교수님들을 보며 꿈을 키웠고 교수가 되었을 때 나는 다른 교수님들과 다르겠노라고 다짐했다. 강의는 탁월하게 하고, 학생들의 소리를 충분히 들어주고 그 마음을 공감해 주고, 쓸데없는 발표나 조별과제를 내지 않고 학생들이 즐겁게 학교를 다닐 수 있는 교수가 되겠다고 생각했다.

나의 다짐과 달리 1년도 되기 전에 교수직을 그만두고 싶었고, 꿈꾸던 교수와 사뭇 다른 나 자신에게 실망만 하고 말았다. 오히려 학교 다닐 때 교수님들보다 교수가 되고 나서 교수님들이 훨씬 더 대단해 보였다. 기존 교수님들은 여유 있게 학생들을 지도하고, 강의 준비도 나보다 시간 투자를 적게 하면서도 강의 수준이 높았고 강의와 학생 지도 외에도 학교 업무나 학회 임원, 논문 작성 등 엄청난 일들을 해내고 있었다.

나는 매 학기 강의 준비와 학생 지도에 허덕이면서 일도 가정도 뭐 하나 제대로 하지 못하는 것 같아 매일 좌절의 연속이었고 나는 결국 교수로 일하는 것이 맞지 않는 것 같다는 결론을 내리기에 이르렀다. 학기가 마무리되기 전에 학교에 사표를 내기 쉽지 않아 어쩔 수 없이 학교를 다니며 이런 고민을 주변 교수님들에게 상담을 요청했다. 그때 한 교수님이 나에게 이렇게 말했다.

"신입 교수가 처음부터 완벽하겠다고 생각하는 것 자체가 교만 아니에요? 어떻게 신입이 잘해요? 신입인데……."

그 이야기를 듣고 정신이 번뜩였다. '아, 나는 신입이었구나'. 그러고 보니 정말로 내가 비교했던 교수님은 교수 경력 20년이 넘는 베테랑 교수님이었다. 그런 분과 나를 같은 교수로서 비교하니 얼마나 내가 부족하고 초라하던지. 내 역량이 부족한 것은 당연한 사실인데도 그때는 내가 '신입'이라는 생각보다 '부족한 교수'라는 것에 더 꽂혀 있었던 것이다.

시간은 베테랑의 조건이다

신입이 자기 분야에서 능숙해지기 위해서는 시간이 필요하다. 아무리 천재라도 처음 하는 일은 부족할 수밖에 없다. 어떤 일에 능숙해지기 위해서 시간만큼 정직하고 정확한 가늠자는 아마도 없을 것이다.

간호학과를 꼴찌로 졸업하고 국가시험에 턱걸이로 겨우 합격했던 어느 10년 차 경력 간호사와 우수한 명문 간호학과를 수석으로 졸업한 신규 간호사와 누가 더 간호사로서 업무를 잘할까? 신규 간호사가 100년 만에 한 번 볼까 말까 한 엄청난 인재가 아니고서야 당연히 신규 간호사가 경력 간호사보다 능숙할 수 없다.

그런데 많은 신규 간호사들이 이 점을 간과한다. 아무리 학교 다닐 때 성적이 우수했고, 병원 실습을 하면서 환자들과 간호사들에게 폭풍 칭찬을 받았다 하더라도 신규 간호사는 '신규'에 불과하다. 그러면 이 시점에서 "신규 간호사가 베테랑 간호사가 되기 위해서는 어떻게 해야 할까?"라는 질문을 던져보자. 아마 다음과 같은 답이 나올 수 있을 것이다.

• 근무하고 있는 병동 환자들의 증상과 간호 방법을 밤을 새우더라도 더욱 열심히 공부한다.
• 연차도 없이 매일 출근하며 더 잘하려고 노력한다.
• 다른 간호사보다 2시간 일찍 출근하고 2시간 늦게 퇴근하면서 업무 적응을 위해 최선을 다한다.

우리 모두 짐작하듯이 위의 3가지 모두 정답이 아니다. 정답은 "시간이 흘러야 한다"이다. 어린아이가 아무리 노력하고 공부하고 발버둥 쳐도 어른이 되려면 시간이 흘러야 하는 것처럼 신규가 베테랑이 되기 위해서는 시간이 흘러 경력자가 되는 것 말고는 방법이 없다. 그런데 많은 신규 간호사들이 시간이 흐르기를 기다리기 전에 경험 많은 경력 간호사와 자신을 비교하며 스스로 실패한 간호사로 낙인찍고 병원을 떠난다.

신규 간호사가 혼나지 않는 방법

신규 간호사는 경력 간호사처럼 완벽하게 일할 수 없기 때문에 무조건 혼나게 되어 있다. 일반 회사는 직원이 실수해도 기다려주고 참아줄 수 있고 충분히 가르쳐줄 수 있지만, 병원은 다르다. 환자들은 신규 간호사에게 간호를 받든 경력 간호사에게 간호를 받든 같은 비용을 지불한다. 그리고 최고의 간호를 기대한다. 또 위중한 환자들에게는 간호사의 실수가 치명적일 수 있기 때문에 신규라고 하더라도 기다려줄 수 없다. 생명 앞에 아마추어 같은 모습은 절대 허용될 수 없다.

그러나 모두가 알다시피 신규에게는 시간이 필요하다. 그래서 신규 간호사는 무조건 혼나는 것이다. 첫 출근부터 아마추어가 아닌 간호사 면허를 소지한 간호사로서 프로다운 모습을 요구하는데, 이런 모습을 보여주지 못하면 혼날 수밖에 없는 것이다.

모른다고 혼나고, 느리다고 혼나고, 센스가 없다고 혼나고, 말귀를 못 알아듣는다고 혼나고, 눈치가 없다고 혼나고, 발자국 소리가 크다고 혼나고……. 대단한 잘못이 아니어도 신규 간호사는 혼난다. 큰 잘못이 아닌데도 자꾸 혼나다 보면, '나에게 이 길이 안 맞나?', '나를 싫어하나?', '내가 일을 진짜 못하나?'라는 생각에 빠지게 된다. 신규 간호사들은 계속 혼나다가 병원에서 자신의 무가치함을 느낄수록 버티지 못하고 사직을 결심하게 된다.

물론 선배 간호사들이 성숙한 인격을 갖고 지혜롭게 신규 간호사를 보듬어주고 친절하게 가르쳐주면 혼나지 않을 수도 있다. 그러나 많은 선배 간호사 중에 혼내는 간호사는 무조건 있기 마련이다. 그렇다면 "신규 간호사가 혼나지 않으려면 어떻게 해야 할까?" 앞에서 봤던 내용 중에 답이 있는지 다시 살펴보자.

- 근무하고 있는 병동 환자들의 증상과 간호 방법을 밤을 새우더라도 더욱 열심히 공부한다.
- 연차도 없이 매일 출근하며 더 잘하려고 노력한다.
- 다른 간호사보다 2시간 일찍 출근하고 2시간 늦게 퇴근하면서 업무 적응을 위해 최선을 다한다.

이 질문에 대한 정답 역시 이전에 언급한 것처럼 없다. 정답은 이전과 똑같다. "시간이 흘러야 한다." 그리고 여기에서 한 단계 더 나아가 "그리고 베테랑이 되어야 한다"이다. 혼나지 않기 위해 발버둥 치지 말고 베테랑이 되기 위한 오늘을 살아내자. 그렇게 하루하루가 모이면 어느덧 1년이 지나고, 그렇게 1년, 1년이 모이면 당당하게 경력을 갖춘 전문적인 간호사로 설 수 있을 것이다.

'하루'를
견디는 힘을 안다

딱 2년만 견디자

어린 시절부터 하고 싶은 것이 많아 꿈도 참 많았다. 많은 꿈들을 정리해보면 나의 꿈은 크게 예술가 또는 신학자가 되는 것이었다. 예술이라든지 영적 세계를 탐구하는 것에 많은 흥미를 느꼈다. 그러나 생뚱맞게 간호학과에 진학하게 되고 그때부터 인생의 고민이 밀려오게 되었다. 고등학교 때까지는 전공 분야 없이 공교육 체제에서 이것저것 배우지만, 대학 입학 후부터 본격적으로 주전공을 배우게 되는데 이 주전공이 적성에 맞지 않는 것 같아 고역이었다.

자퇴나 반수를 하고 싶었는데, 아버지의 반대로 자퇴를 할 수 없었다. 아버지가 나의 경제권을 가지고 있으니 내 뜻대로 할 수 없었기 때문이다. 그래서 꾸역꾸역 대학을 다녔는데, 문제는 임상 실습이었다. 간호학과 학생이라면 누구나 최소 2년의 임상 실습을 해야 한다. 임상 실습은 병원, 보건소 등의 실제 간호 현장에서 이론 대신 임상 실습을 하는 것을 말한다.

나는 감사하게도 대학 입학 전까지는 큰 병에 걸려본 적이 없어서 감기 같은 간단한 질병으로 동네 의원 정도만 다녔고, 병문안을 이유로도 큰 병원에 가본 적이 없었다. TV에서 나오는 병원 관련 다큐멘터리 프로그램이나 메디컬 드라마에도 관심을 둔 적이 없었기 때문에 대학병원에서 진행되는 임상 실습은 큰 부담이었다. 병원에 소속된 간호사도 아니면서 학생 신분으로 그 병원 간호사들과 같은 시간에 출근하고 퇴근하면서 하루하루 실습하는 것이 힘에 부쳤다. 그때마다 내가 버텼던 것은 '딱 2년만 버텨내자'는 마음이었다. 2년은 금방 지나갈 거라고 생각했다.

환자의 생명을 위협할 수 있는 실수

2년 정도는 참아보겠다고 마음먹을 수 있었지만, 문제는 당장 내 앞에 닥친 하루를 버티는 것이었다. 병원은 생사를 다투는 생존의 현장에서 다양한 직종의 사람들이 24시간 근무하는 곳이기 때문에 이것이 쉽지 않다. 일반 회사 같은 경우는 한 사무실에 비슷한 직군이 모여서 유사한 업무를 한다. 신입 직원은 어려움은 있지만 그래도 아침에 출근하고 저녁에 퇴근하며 선배들이 하는 일을 배우면서 적응하게 된다. 혹 신입 직원이 업무 이해도가 느리다고 한다면 적응이 늦어지긴 하겠지만 그게 다른 사람의 생명을 좌지우지할 정도는 아니다.

반면에 병원은 다르다. "너 실수하면 죽어!" 여기서의 죽음이 진짜 실존하는 인간의 죽음이 될 수도 있다는 것이다. 나의 실수로 나의 무지로 멀쩡한 사람이 죽을 수도 있는 상황에서 업무를 수행하며 받는 스트레스는 이루 다 말할 수 없다. 나 때문에 누군가 죽을 수도 있다는 긴장감을 버텨내는 것이 결코 쉽지 않다.

게다가 병동에서 함께 근무하는 간호사는 많아도 교대 근무로 인해 실제 같은 시간대에 함께 근무하는 간호사는 몇 명 되지 않기 때문에 그 부담감은 더 크다. 그래서 병원에서의 간호 업무는 완벽해야 하고 한 치의 오차도 허용할 수 없는 것이다. 오른쪽 눈을 수술하기로 했는데 덜컥 왼쪽 눈을 수술하고 실수했다고 하면 안 되는 것이고, A환자를 수술해야 하는데 B환자를 수술하는 것도 용납할 수 없다.

이렇게 예민한 상황에서 무지한 간호대학생들이 실습을 나오게 되니 간호사들은 예민해질 수밖에 없다. 학생들이 실수해서 간호 오류가 발생하면 안 되기 때문에 학생들이 괜한 행동을 하지는 않는지 살펴봐야 한다. 또 학생들이 놀러온 것이 아니라 실습을 나왔기 때문에 선배로서 최소한의 실무를 안 가르쳐줄 수도 없다.

보상 없는 과외, 짐짝이 되어버린 학생들

병원 간호사들은 아무리 열심히 학생을 지도한다고 해도 보상을 받지 못한다. 보상 없이 개인 과외를 해줘야 하는 상황인 것이다. 그러다 보니 매번 학생들을 친절하게 지도해줄 수 없고, 정말 바쁠 때는 오히려 공간만 차지하고 동선을 방해하는 학생들이 거추장스럽다. 간호사들도 간호대학생을 바라보는 시선이 이렇게 곱지 않은데, 의사, 임상병리사, 방사선사 등 타 보건의료 인력은 간호대학생을 아예 없는 사람처럼 취급한다. 어차피 1~2주마다 학생들도 계속 바뀌고 병원 직원도 아니니 누가 와서 실습하고 가는지 관심 둘 일이 없는 것이다.

간호대학생도 감정을 갖고 있는 사람이다 보니 머리로 이해는 하면서도 병원에서 짐짝처럼 느껴지는 자신을 바라보며 하루 9시간씩 실습을 하는 것이 쉽지 않다. 대부분 실습 병원도 집 근처가 아닌 멀리 있는 곳에 위치한 경우가 많은데, 낯선 동네에 적응하기도 쉽지 않은데 병원이라는 거대하고 생경한 조직에서 직원과 복장도 다른 실습복을 입고 직원도 아닌 고객도 아닌 애매한 위치에서 남의 일터에서 민폐만 끼치고 있는 건 아닌지 눈치만 보게 된다.

간호사 스테이션 공간도 좁은데 그곳에서 수많은 의료진들이 왔다 갔다 하며 환자 치료를 하다 보니 간호대학생은 의자에 앉을 수도 없다. 실습에 와서 앉아 있는 모습 자체가 학생 신분으로 허용되는 행위가 아닌 것이다.

하루 종일 서서 눈칫밥만 먹으면서 나름 간호사들에게 도움을 주려고 애쓰는 그 자체가 견디기 어려운 것이다. 간호대학생도 감정을 가진 사람인데, 모두가 나를 투명인간 취급하고, 가끔 환자가 물어봐도 대답해줄 수도 없다 보니 자존감이 상하게 된다. 이러한 실습 과정이 한두 달로 끝나는 것도 아니고 3~4학년의 절반을 고스란히 임상 현장에서 보내야 하다 보니 적지 않게 임상 실습 스트레스를 받게 된다.

대학에서 학생들을 지도하면서 나와 비슷한 이유로 고민하는 무수한 사례들을 보게 되었다. 병원 실습으로 어려워하는 학생들, 졸업 후 간호사가 되어 임상에서 견디기 힘들어하는 학생들이 참 많다. 나는 이 학생들에게 "2년만 견뎌보자, 1년만 참아보자, 한 학기만 버텨보자"라고 격려하면, 학생들은 "그 정도라면 참을 수 있을 것 같아요"라고 대답했다. 남학생들은 "군대 2년도 버텼는데요. 할 수 있을 것 같아요"라고 한다.

그런데 내가 "오늘 하루 버티는 건 할 만하니?"라고 물으면 "오늘을 견디기가 너무 힘이 들어요"라고 말한다. 심지어 오늘이 버거워 그만두는 경우도 많다. 결국 2년은 쉽지만 하루, 지금 이 순간이 어려운 것이다.

하루를 버티기 어려운 이유

하루를 버텨내면 이 하루들이 모여 1년, 2년 그 이상이 된다. 그래서 오늘을 버텨내는 것이 중요하다. 오늘 나를 지탱하게 하는 에너지들이 나를 지배해야 한다. 부정적인 감정이나 자존감이 떨어지는 상황으로 만들면 안 된다. 긍정적이고 강인한 정신력과 체력으로 오늘을 이겨야 한다.

법원에 제출된 이혼신고서 통계에 가장 많은 이혼 사유로 뽑힌 것이 성격 차이라고 한다. 큰 문제가 생겨서 이혼을 한다기보다 사소한 습관의 차이나 성격이 다른 것을 해결하지 못해서 이혼을 하게 된다. 어릴 때도 큰 사고를 치면 오히려 부모님에게 혼나지 않았다. 책상 유리를 다 깼는데 오히려 내가 더 놀랄까 봐 혼내지 않으셨다. 그러나 사소한 문제로는 자주 혼나곤 했다.

인간관계도 그런 것 같다. 큰일 때문에 관계가 끊어지는 것이 아니라 사소한 게 누적되거나 사소한 오해가 불씨가 되어 관계가 무너지는 것이다. 나 같은 경우도 내 의지로 1만 원짜리 밥을 사주는 것은 흔쾌히 사주지만, 받아야 할 100원을 상대방이 주지 않는 경우 괜히 감정이 상한다. 예를 들어 친구와 둘이서 밥을 먹고 값이 20,100원이 나왔는데 내가 계산을 하고 나눠 내기로 했다고 가정해보자. 친구가 임의로 1만 원만 줬을 때(내가 전적으로 부담하는) 100원은 없어도 되는 돈이어서 크게 상관없지만, 이런 일이 반복되면 기분이 좋지 않다.

그래서 하루를 버티는 것이 어려운 것이다. 큰일이 생겨서가 아니라 사소한 것들이 누적되어 감정이 상하기 쉬운 것이다. 사소한 감정을 스스로 통제해야 한다. 별일 아닌 것이 감정 상하는 일을 반복되게 두면 안 된다. 사람들은 사소한 것을 말하기 어려워한다. 쪼잔한 사람으로 보일까 봐, 또는 상대가 그깟 일로 발끈한다고 이상하게 생각할까 봐 그렇다. 그러나 오늘을 견디기 위해서는 사소한 불쾌감이 반복되지 않도록 끊어내야 한다. 언짢은 포인트를 명료하게 정의하고 그것이 내 기분과 내 상황을 지배하지 않도록 해야 한다.

오늘을 이기는 노하우

오늘이 쌓여 인생이 된다. 행복한 하루들이 모이면 행복한 인생이다. 그러나 불쾌한 하루가 모이면 내 인생도 불쾌해지기 때문에 하루를 관리하는 것은 매우 중요하다.

보통 간호사들은 일이 매우 바쁘고 많기 때문에 출근해서 업무에 몰두하게 되면 내 감정은 신경 쓰지 않고 일하는 기계가 된다. 환자와 보호자, 함께 일하는 사람들의 감정이 나보다 더 중요하기 때문에 일을 우선 앞세우게 되고 실수 없이 일하고 퇴근하는 것이 오늘의 중요한 목표가 된다. 그래서 실수 없이 일을 잘 수행하는 목표를 달성했다고 하더라도 오늘 나의 기분은 좋지 않고 찜찜하다.

일도 잘하면서 내 감정을 다스리기 위해서 매일 업무 일지와 별도로 감정과 상황을 기록하는 일지를 작성하면 도움이 된다. 그리고 그날을 축약해서 좋았는지 보통이었는지 나빴는지 아주 간단하게 3~5단계로 표기한다. 영어로 'Great–Good–So so–Bad–Terrible'이라고 쓰거나, 우리말로 '최고–좋았음–보통–별로였음–최악임'라는 식으로 쓰고 왜 그랬는지 이유를 덧붙인다. 그러면 몇 달 후에는 내가 어느 경우에 기분이 나쁜지 명확히 알 수 있다.

다른 사람들에게 사소하지만 내 감정을 더럽게 하는 일이 세 번쯤 반복된다면 더 이상 참으면 안 된다. 그때는 해결을 해야 한다. 타인으로 인한 것이라면 사람들에게 말을 해야 한다. 상황으로 인한 것이라면 그 상황을 해결할 수 있는 전략을 모색해야 한다. 이렇게 최고의 하루를 누적해나가면 어느샌가 오늘을 이기는 날이 오게 될 것이다.

동료들에게 인정받는 간호사

민폐 끼치는 간호사

진짜 일 잘하는 간호사는 어떤 간호사일까? 환자가 인정하는 간호사? 아니면 부장님이나 수간호사가 인정하는 간호사? 나는 동료들이 인정하는 간호사가 진짜 일 잘하는 간호사라고 생각한다.

간호사들은 절대 혼자서 일할 수 없다. 반드시 여러 명이 같은 근무 시간에 팀으로 일하게 된다. 같은 시간대에 함께 일을 하다 보면 다른 사람의 손이 안 가게 센스 있고 꼼꼼하게 업무를 처리하는 간호사가 있는 반면, 끝마무리가 지저분해서 다른 사람이 한 번 더 확인하고 처리해야 하는 간호사가 있다. 아무리 사람이 좋고 장점이 많아도 업무 처리가 야무지지 못하면 같은 시간에 일하는 사람들은 두 배, 세 배 힘이 들게 된다.

같은 시간대에 근무하지 않아도 일 못하는 사람은 다른 시간대 근무하는 간호사에게도 민폐다. 환자들은 24시간 간호사가 필요하고, 간호사들은 보통 3교대로 출퇴근을 하기 때문에 지속적인 환자 간호 상황에서 교대로 간호사가 바뀐다. 예를 들면 아침 7시에 출근한 간호사는 오후 4시에 퇴근하면서, 오후 4시에 출근하는 사람에게 업무 인수인계를 하고 퇴근하게 된다. 그런데 퇴근하는 간호사가 일을 대충 해놓고 퇴근하면 출근해 업무를 시작하는 간호사가 그 몫을 오롯이 감당해야 한다.

교대 때마다 퇴사 시 인수인계하는 마음으로

한 병원에 오후 1시쯤 치매로 정신이 온전치 않은 80대 여성이 입원을 했다. A간호사는 입원 시 환자를 꼼꼼하게 사정하지 않고 대충 입원 처리만 하고 B간호사에게 인계하고 퇴근했다. 오후에 출근한 B간호사는 인계를 받은 내용을 갖고 업무를 하는 중이었는데, 갑자기 환자의 딸이 간호사 스테이션에 와서 항의를 했다. 본인 어머니가 왼쪽으로 돌려눕는 습관이 있어서 정맥주사를 왼쪽 팔에 놓지 않도록 말씀드렸는데 왜 왼쪽에 정맥주사를 놓았냐며 따지는 것이었다. 그리고 요즘 소화가 잘 안 되어 죽을 시켜달라고 했는데 저녁에 밥이 나왔다며 말이다.

B간호사는 보호자의 항의에 친절하게 응대하면서 정맥주사 위치도 변경해 주고 저녁 식사도 죽으로 바꿔줬다. 이는 A간호사가 제대로 확인했더라면 B간호사가 굳이 하지 않아도 될 일이다. B간호사는 본격적인 업무를 시작하기도 전에 보호자의 항의를 받고 감정을 소모하게 되었고, 또 하지 않았어도 되었을 추가 업무도 처리한 것이므로 결국 A간호사는 B간호사에게 피해를 준 것이라고 볼 수 있다.

한 번쯤은 실수라고 넘어간다고 치는데 이러한 일이 계속 반복된다면 결국 A간호사와 함께 일하고 싶은 동료 간호사는 없을 것이다. 또 이것이 소문이 나서 일을 대충 하는 간호사, 불성실한 간호사, 같이 일하기 싫은 간호사로 평가된다면 간호 조직에서 눈총을 받게 되고 나아가서 인간관계에 갈등을 빚게 될 수도 있다. 그러므로 간호사가 진짜 일을 잘한다는 것은 동료 간호사들이 함께 일하고 싶고 동료 간호사들이 잘한다고 인정하는 간호사라고 볼 수 있다.

따라서 교대할 때마다 철저한 인수인계가 필수다. 만일 본인이 덜렁거리는 편이거나 세심하지 못한 유형이라면 메모하는 습관을 들여야 한다. '난 원래 잘 까먹어' 같은 변명은 간호사 업무에서는 절대로 통하지 않는다.

한번 선배는 영원한 선배

대학에서 일반적인 학과를 전공하면 졸업 후 각자 취업해 살기 때문에 친분이 있지 않고는 동기, 선배나 후배들이 어디에 취업해서 어떤 모습으로 살아가는지 잘 모른다. 그래서 학교 다닐 때 사이가 안 좋았거나 관계가 불편했던 선배가 있었다고 하더라도 졸업 후에는 딱히 볼일이 없기 때문에 그로 인한 스트레스를 받을 일이 거의 없다.

반면에 간호학, 의학 등을 전공하면 졸업 후에도 완전 다른 진로로 변경하지 않고는 같은 분야에 있는 경우가 많아서 한번 선배는 영원한 선배가 되는 경우가 많다. 특히 자대병원 출신이라고 하면 더 심하다. C대학 간호학과를 졸업하고 C대학병원에 취업을 하면 같은 대학 선배들을 또 직장 선배로 만나게 된다.

꼭 같은 병원이 아니더라도 간호계라는 같은 분야에 있으면 선후배가 뒤바뀌기가 쉽지 않다. 구조적으로 이렇게 고착화된 조직이다 보니 한 번 찍히거나 안 좋은 소문이 나는 것에 예민할 수밖에 없다. 사람이다 보니 실수나 잘못을 저지를 수도 있는데, 한 번 실수를 하고 이상한 사람이라고 낙인이 붙게 되면 잘못을 개선하고 실수를 바로잡았다고 하더라도 이상한 사람이라는 꼬리표가 바로 떼어지지 않는다.

꼬리표를 명품 라벨로

해외여행을 갈 때 사람들은 각자 여행용 캐리어에 자기 이름과 연락처를 써서 꼬리표로 부착한다. 공항에서 짐을 쉽게 찾고 또 분실의 위험을 줄이기 위한 것이다. 이런 네임텍은 캐리어의 주인을 따라다니게 마련이다. 그래서 캐리어를 바꾸면 내 네임텍도 다른 캐리어에 부착하게 된다. 가방이 바뀌었으니 네임텍도 달라지는 것이다.

그런데 사람에게 붙는 꼬리표는 좀처럼 잘 떨어지지 않는다. 사람들 인식에 한 번 각인된 것은 쉽게 바뀌지 않는 탓이다. 그러나 아예 안 떨어지는 것은 아니다. 시간이 꽤 걸리겠지만 사람들의 인식이 바뀌면 나에게 붙어 있던 기존의 꼬리표는 떨어지게 되고 새로운 꼬리표로 바꿀 수 있다.

이처럼 새로운 '인식의 꼬리표'를 달 때는 좋은 내용으로 바꾸는 것이 중요하다. 앞서 언급한 A간호사처럼 동료들에게 인정받지 못하는 상황이 반복되면, '같이 일하기 싫은 간호사'라는 꼬리표가 붙게 된다. 이것을 명품 간호사라는 라벨로 바꾸기 위해서는 스스로 부단히 노력하고 부단히 변화해야 한다. 그렇게 수십 번, 몇백 번을 반복해야 사람들의 인식을 바꿀 수 있다. 인식의 꼬리표가 그만큼 공고하기 때문이다.

그러나 이 말은 역으로, 한 번 좋게 고착된 꼬리표 역시 그만큼 공고할 수 있다는 의미가 된다. 우리가 자신의 꼬리표를 명품 라벨로 만들어야 하는 이유가 여기에 있다.

동료들에게 인정받는 3가지 방법

동료들이 인정하는 간호사가 되기 위해 명심해야 하는 3가지 점은 다음과 같다.

역지사지(易地思之)

내가 어떤 간호사와 일하고 싶은지를 떠올리고, 그렇게 일을 하는 것이다. 다른 간호사들 입장에서 내가 어떻게 일을 해주면 편하고 좋을지 생각하는 것이다. 그리고 내가 근무하는 시간만 생각하면서 업무를 하는 것이 아니고, 내가 퇴근 후에도 업무가 지속된다는 것을 기억하며 다음 시간대 근무자가 편하게 업무에 집중할 수 있도록 앞서서 상황을 생각하면서 일하는 것이다.

내가 하기 싫은 일은 다른 사람도 하기 싫다. 그렇기 때문에 하기 싫은 일을 기꺼이 사랑하게 된다면 어디서나 누구에게나 사랑받을 가능성이 높아진다.

사람들이 싫어하는 일을 예를 들어보면 타인의 대소변을 처리해 주는 상황이 있다. 병원에서 간호사들은 환자들의 의식주를 충족시켜주고 통증을 감소시키는 등 보다 사람답게 살아가는데 도움을 준다. 사람이 사람답게 살기 위해서는 먹는 것 못지않게 배설하는 것도 품위 있게 처리해야 한다. 그런데 많은 환자들이 소변 보는 문제가 있다. 또 설사, 변비, 혈변 등 대변과 관련된 문제도 흔하다. 특히 병원에 입원하면 먹고 자는 등 평소의 생활 패턴과 병원에서의 생활 흐름이 달라지기 때문에 대소변 문제가 빈번하게 발생한다.

대소변의 문제를 해결하는 것은 본인 스스로도 거부감이나 불쾌감이 든다. 부모가 자기 자녀의 기저귀를 갈아주는 것도 유쾌하지 않은 것처럼 말이다. 그런데 간호사는 본인 가족도 아닌 완전한 타인인 환자들을 위해 대소변을 해결해 주게 된다. 아무리 비위가 강한 간호사라고 할지라도 냄새 나고 불편한 일을 자청하기 쉽지는 않다.

나는 병원에서 근무할 때 대변, 소변과 관련된 업무를 즐기면서 했다. 어르신들은 신체 활동이 저조하고 대장 운동이 감소되는 등 여러 가지 요인으로 변비가 흔하다. 그 와중에 병원에 입원해 있으면 더욱 몸을 움직이지 않기 때문에 입원 노인 환자에게 변비는 흔한 일이다. 그래서 변비를 완화시키는 약물을 사용하지만, 약을 먹는다고 해도 만성 변비로 변이 딱딱해져 있으면 대변이 즉각적으로 배출되지 않는다.

이런 경우 수지 관장(Finger Enema)을 하게 된다. 말 그대로 손가락으로 변을 파내는 것이다. 더럽다고 할 수도 있겠지만, 나는 노인들의 복부가 얼마나 불편할지 그 걱정이 더 앞섰기 때문에 미처 더럽다는 생각을 할 겨를도 없이 수지 관장을 하곤 했다. 그리고 병동에서 수지 관장은 곧 내 전담이 되었다. 아무도 하지 않으려 했는데, 나만이 아무렇지도 않게 해냈기 때문이다. 병원 동료들이 대단하다고 했는데, 나는 그것이 그렇게 대단한 줄 몰랐다. 지금 생각해보면 20대 초반의 젊은 간호사가 노인들의 항문에 손가락을 넣어 변을 빼내는 것이 흔한 일은 아니었던 것 같다. 이처럼 다른 사람들이 싫어하는 일을 기꺼이 감수한다면 동료들이 사랑하는 간호사가 될 수 있을 것이다.

원리원칙(原理原則)

인간관계에서 갈등이 발생하는 요인 중 하나가 공정하지 않기 때문이다. 예를 들어 D와 E, 두 명의 간호사가 지각해서 동료들에게 피해를 주게 되었다. 수간호사가 공정하게 누구라도 똑같이 혼낸다고 하면 문제가 없다. 그런데 수간호사가 D간호사는 봐주고 E간호사는 혼낸다고 하면, E간호사는 잘못을 했으면서도 억울한 심정이 더 커서 반성할 기회를 놓칠 것이다.

이렇듯 업무에서 원칙을 준수하지 않는다면 반드시 문제가 발생한다. 그리고 원칙은 본인에게도 적용되어야 한다. 본인이라고 해서 기준보다 관대하거나 잣대를 달리한다면 그 원칙은 '원칙'의 자리를 상실하게 된다.

반대로 가끔 본인에게 지나치게 엄격한 간호사가 있는데, 이

역시 바람직하지 않다. 본인에게 엄격한 이들은 스스로를 더 발전시키기 위해 가혹하고 철두철미하게 자기 관리를 하는 것이지만, 이를 지켜보는 타인은 겉으로 보이는 모습으로만 상대를 판단하기 때문에 타인마저 나를 쉽게 비난하게 만들 수 있다. 그래서 나를 존중하는 것에 '아낌이 없어야' 한다.

물론 원리원칙을 강조하다 보면 인간미가 없다는 비판을 받는 경우도 있다. 그러나 프로는 그러한 비판을 두려워하지 않고 당당하게 원리원칙을 준수해야 한다. 대부분의 심각한 문제는 원칙을 지키지 않아서 발생하는 것이고, 원칙을 준수해서 발생하는 문제는 사소하거나 불편해도 우리 사회를 공정하게 발전시키기 위해 필수적인 것이다.

의리당연(義理當然)

'의리'란 사람으로서 지켜야 할 도리, 인간관계에서 지켜야 할 도리를 의미한다. 사람이라면 이 의리는 마땅히 지켜야 한다. 그런데 오늘날에는 '굳이 내가 도리를 지켜야 할까?'라는 물음이 앞서면서 도리를 지키는 것이 어려워졌다. 과거에는 친구를 위해 목숨을 버리는 것이 미덕이라고 평하던 시절이 있었다. 그런데 지금은 다르다. 다른 사람들의 삶에 대한 지나친 관여는 불필요하다고 생각한다. 어느 정도 선을 두고 거리를 지키는 것이 요즘의 미덕이다.

그렇기에 오늘날 의리는 점점 사라져간다. 서로 동등하고 어느 정도 주고받는 것이 비슷해야 관계가 유지되고, 한쪽이 일방적으로 베풀게 되면 결국 관계는 서서히 멀어지게 된다. 베푸는 쪽에서 괜찮다고 하더라도 받기만 하는 사람은 마음이 불편하기 때문이다. 이러한 환경에서도 나는 의리는 당연하다고 주장한다. 꼭 받으면 줘야 하고 주면 받아야 하는 것이 진리가 아니기 때문이다.

사람들은 성인이 된 후 진정한 친구를 사귀는 것은 어렵다고 말한다. 어릴 적에는 아무 조건 없이 친구로 지낼 수 있지만, 사회 생활을 하게 되면서부터는 조건과 수준이 어느 정도 맞아야 관계가 유지되기 때문이다. 그러나 동료 간에도 '의리의리한' 사이가 될 수 있다. 진심은 통하기 때문이다. 내가 계산적이지 않고 동료를 위해 진심으로 눈물 흘리고 마음을 다해 사랑한다면, 상대방도 내 마음을 온전히 느낄 수 있다.

진짜는 빛이 나기 때문에, 그 진심이 진짜라면 반드시 상대방은 알 수밖에 없다. 관계는 일방적인 것이 아니라 쌍방이기 때문에 내가 마음의 진심을 꺼내 놓고 동료를 대하게 되면 동료 역시 본인의 진심을 드러내게 된다. 세상은 빠르게 디지털화되고 있지만, 그럼에도 인간 본연의 사랑과 온정은 항상 존재한다. 그리고 인간관계가 완전해지기 위해서는 그 진심의 정서가 필수적이다.

인정(認定)을 위해 나 먼저 인정(人情)해야 한다

간호사 면허를 가진 사람만 간호사가 될 수 있기 때문에 어느 정도 폐쇄성 있는 간호계라는 분야에서 동료들에게 인정받기 위해서는 나 먼저 '인정(人情)'해야 한다. 좋은 간호사가 되기 위한 노하우를 나 먼저 실천해야 하는 것이다. 그래야 비로소 동료에게 인정받는 유능한 간호사가 될 수 있다. 또 동료들에게 인정받기 위해서는 내가 먼저 '인정(認定)하는' 동료가 되어야 한다.

동료의 장점을 바라봐주고 의리를 지킨다면 동료도 나를 인정할 것이다. 직장 생활을 하게 되면 직장에서 보내는 시간이 가정에서의 시간보다 훨씬 길다. 매일같이 얼굴을 보고 사는 동료가 끔찍하고 함께 시간을 보내는 것이 지옥이라면, 내 삶이 너무 가엽다. 진심을 나누는 친구는 직장 생활에서도 얻을 수 있다고 생각하며, 계산적으로 대하지 않고 상대방을 진심을 다해 마음껏 인정해 주자.

4장

뉴칼라 간호사가 되는 7가지 노하우

자투리 시간 20%를 활용하라

저당 잡힌 간호사들의 시간

고등학교까지는 학교에서 짜준 시간표대로 일정을 관리하기 때문에 시간 관리를 크게 생각하지 않는다. 그러다가 대학에 와서 스스로 시간표를 짜면서 어떻게 하면 효율적으로 시간 관리를 할지 고민하면서 시간 관리 방법을 훈련하게 된다. 강의실 동선은 어떻게 구성할지, 아르바이트는 언제할지 등을 고민하면서 가장 적절한 방법으로 일정을 짠다. 그러나 같은 대학생이더라도 간호학과 학생들은 예외다. 시간표가 짜여서 나오기 때문이다. 학과 사무실에서 정해준 시간표에 맞춰서 수업을 듣고 실습을 하다 보면 타인이 짜준 시간에 따라서 4년이 지나간다.

사실 대학생으로 보내는 4년은 성인으로서 맞이하는 첫 4년

이기 때문에 부모로부터 독립해서 나만의 습관을 어떻게 다지느냐가 매우 중요한데, 황금 같은 이 4년의 시간을 수동적으로 따르다 보면 간호학과 학생들은 졸업 후 간호사가 되어서도 시간을 어떻게 써야 할지 갈팡질팡하게 된다. 특히 신규 간호사로서 적응하기도 어려운 상황에서 주체적으로 자기 인생의 시간을 짜는 일은 더더욱 어렵다.

현실적으로 많은 간호사들이 학창 시절에 시간 관리 방법을 배우지 못했지만, 시간 관리는 다른 직종보다도 간호사들에게 특히 더 중요하다. 우선순위를 어떻게 설정하고 시간 관리를 어떻게 하느냐에 따라 업무 효율을 높이게 되고 궁극적으로 환자의 건강에 기여하게 된다. 이렇게 간호사에게 시간 관리가 중요하기 때문에 간호사 국가고시 과목인 간호관리학 교과목에서도 시간 관리라는 파트를 다루고 있을 정도다.

그럼에도 시간을 어떻게 써야 할지 모르는 간호사들이 많다. 간호사들은 특히 교대 근무를 많이 하기 때문에 더 어렵다. 9시에 출근하고 6시에 퇴근하는 직장에 다니면 퇴근 후 학원을 다니거나 운동을 하거나 취미 생활을 하는 등 규칙적으로 일정을 관리하기 수월한데, 간호사들은 육체 노동의 강도도 높으면서 출퇴근 시간마저 불규칙하기 때문에 시간을 관리하는 데 불리하다.

간호사들은 장기적인 관점에서 시간을 관리해야 한다

직장인들이 시간 관리를 하는 대표적인 방법은 대개 4~5가지로 추려진다. 스케줄러 작성하기, 우선순위 잘 정하기, 자투리 시간 활용하기, 아침 시간 활용하기 등이 그것이다. 이 방법은 대개의 직장인뿐 아니라 일반적으로 사람들이 한정된 시간을 효율적으로, 짜임새 있게 활용하고자 할 때 쓰는 보편적인 방법일 것이다.

문제는 이러한 상투적인 방법으로는 교대 근무를 하는 간호사들이 적용하는 데 한계가 있다는 것이다. 이는 간호사들이 시간 관리하는 방법을 모르기 때문이 아니라 그들의 근무 방식이 여느 사람들과는 다르기 때문이다. 즉, 시간 관리를 못하거나 안 하는 것이 아니라, 시간 관리 방식이 전혀 '달라야 한다'는 것이다.

간호사가 시간 관리를 효과적으로 하기 위해서는 관리하는 시간의 단위를 설정하는 것부터 다시 해야 한다. 무슨 말이냐 하면 일반적인 시간 관리 방법은 잠자는 시간과 휴식 시간을 제외하고 하루 12시간 정도를 어떻게 알차게 쪼개 쓰는지에 대한 접근이다. 그런데 교대 근무로 정상적인 낮 시간을 활용하기 어렵고 불규칙한 시간을 써야 하는 간호사에게 12시간에 대한 시간 관리 방법을 적용하는 것은 힘들다.

간호사들에게는 보다 장기적인 관점인 12개월 단위로 접근해야 한다. 하루 일정한 시간을 투입해서 몇 개월의 단기 목표를 세우는 일 자체가 간호사라는 직업에서는 불가능하기 때문이다. 간호사들의 한달 근무표는 통상 그 전달에 확정되는데, 때로는 3~4일 전에 확정되기도 한다. 그리고 인력이 중간에 빠지는 일이 생기면 갑자기 근무 스케줄이 변경될 수도 있다. 그렇기 때문에 다음달에 무엇을 하겠다는 식의 계획보다 1년 단위로 접근해서 올해 무엇을 달성할지에 대한 계획을 짜는 것이 현실적으로 더 적합하다. 시간이란 인생을 얼마나 알차게 보내느냐에 대한 것이기도 하기에 하루가 아닌 거시적이고 장기적인 프로젝트로 접근하는 일이 필요한 셈이다.

외부에서 내 시간을 통제하도록 하라

게으름은 인간의 본능이다. 《성경》에도 "게으른 자는 그 손을 그릇에 넣고도 입으로 올리기를 괴로워하느니라(잠언 26장 15절)"는 말이 있을 정도로 대부분의 사람들은 최대한 편할 수만 있으면 편하고 싶어 한다. 나 역시 천성이 부지런한 사람이 아니다. 집에만 있으면 누워 있고, 누워 있으면 휴대폰만 본다. 솔직히 고백하건대 일정이 없는 날은 늦잠을 넘어 오후에 일어나기도 한다. 손 하나 까딱하기 싫어하고 화장실 왔다 갔다 하는 것조차 귀찮아서 물도 안 마시려고 한다.

이런 내가 20대에 석사, 박사 학위를 취득했고 매년 연수 과정에 참여하고 각종 자격증을 취득하고 있으며, 지금은 책까지 쓰고 있다. 어떻게 가능했을까? 나는 나 자신이 얼마나 게으른 사람인지 알았기 때문에 게으름조차 피울 수 없도록 외부에서 나를 통제하게 만들었다. 시간 관리를 스스로 주체적으로 할 자신이 없어서 어쩔 수 없이 해야만 하는 일정 위주로 편성한 것이다.

쉽게 예를 들면 '건강을 위해 운동하기'라고 목표를 세우면 이를 달성하기 위한 여러 방법이 있는데, 하나는 혼자 오전 9시라는 시간을 정해놓고 운동장을 도는 방법이고, 또 다른 하나는 친구와 오전 9시에 만나 운동을 같이 하기로 약속을 잡아놓고 운동장을 도는 방법이다.

스스로의 약속은 깨면 그만인데, 친구와 약속한 운동은 친구와의 약속을 지키기 위해서라도 강제적으로 운동을 하게 된다. 아무리 게으른 사람도 출퇴근은 어쩔 수 없이 하는 것처럼 말이다. 이처럼 외부에서 나의 시간을 통제하도록 장치를 만들어놓으면, 게으름이라는 인간 본성을 이길 수 있다. 만약 게으르거나 실천력이 떨어져 고민이라면 나 자신이 거부할 수 없는 통제 수단을 적극적으로 찾기를 권한다.

간호사의 시간 관리 노하우

간호사들은 일반인과는 다른 방식으로 하루의 시간을 쪼개어

살기 때문에, 그들만의 특별한 관리 전략이 필요하다. 간호사들의 시간 관리 노하우를 제시한다.

첫째, 장기적으로 이루고 싶은 목표를 설정한다. 간호사로서 병원 간호부서장이 목표인 사람이 있고, 공무원 시험에 합격해 공무원이 되고 싶은 사람도 있고, 교수가 되고 싶은 사람도 있다. 간호부서장은 임상 경력이 충분해야 하고, 공무원 시험에 합격하기 위해서는 시험 공부를 열심히 해야 하고, 교수가 되기 위해서는 박사 학위를 취득해야 한다. 이처럼 어느 목표를 갖고 있느냐에 따라 세부 시간을 관리하는 것이 달라지기 때문에 가장 먼저 장기적으로 이루고 싶은 목표를 분명하게 설정해야 한다.

둘째, 1년 단위로 이루어야 하는 세부 전략을 추진한다. 궁극적으로 장기 목표를 이루기 위해 반드시 수반되는 자격 조건이나 자격증 등을 취득하기 위해 해야 하는 세부 전략을 수립한다. 오늘 할 일을 했는지 안 했는지에 따라 O, X를 체크하면서 하루를 감시하는 것이 아니라 올해 무엇을 할지를 먼저 계획한다. 토익 점수 900점 이상, 컴퓨터 관련 자격증 1개 취득, 대학원 등록, 몸무게 5kg 감량 등 1년간 주력할 세부 전략을 정한다. 단, 이때 세부 전략은 최대 3개가 넘지 않아야 한다. 너무 욕심 부리면 포기하게 되므로 꼭 해야 하는 것 위주로 편성한다. 세부 전략을 강제적으로 수행할 수 있도록 외부 통제 시스템을 마련한다.

A간호사의 장기 목표는 미국으로 이민 가서 미국 간호사가

되는 것이었다. 그러나 영어 실력이 부족했고 이를 보충하기 위한 방법으로 시도한 것이 퇴근 후 원어민 교사에게 과외를 받는 것이었다. 퇴근하면 피곤하고 지쳐 쉬고 싶고 오늘의 공부를 내일로 미루고 싶어지는데, 원어민 교사가 집에 와있으니 어쩔 수 없이 꾸역꾸역 공부를 하게 되었다. 그렇게 공부가 누적되면서 결국 영어 실력이 향상되었고, 현재는 미국 간호사로 성공적으로 잘 정착해 생활하고 있다.

나도 2년 전에 치매 간호를 전문적으로 공부하고 싶어서 집에서 치매 관련 책을 읽고 여러 자료를 찾아봤지만, 집중이 잘 되지 않았다. 결국 보건복지부에서 하는 치매전문교육 프로그램에 등록했다. 그러자 강제적으로 이론 과정과 실습 과정을 거치면서 치매 간호를 공부했고 목표로 한 역량을 키울 수 있었다. 이렇게 1년 단위로 설정한 세부 전략을 달성하는 것에 주력하다 보면 때로 하루 정도는 쉬어도 죄책감 없이 넘어갈 수 있다. 목표 지향적인 사람의 경우 하루를 낭비하는 것에 죄책감이나 자괴감을 갖기 때문에 마음의 여유를 가지면서 하고자 하는 일을 완수하기 위해서는 1년 동안 이 정도만 하겠다는 목표와 이를 달성하기 위한 전략을 구체적으로 세우면 된다.

셋째, 한 달마다 점검하며 피드백을 한다. 보통 신년이 되면 많은 사람들이 올해 해야 할 일을 설정하지만 금세 작심삼일이 되는 경우가 많다. 그렇게 신년 목표에 실패하면 그해는 또 어영

부영 시간을 보내며 한 해를 넘기게 된다. 따라서 한 달마다 세부 전략을 추진하는 상황과 달성도를 객관적으로 점검한다. 그리고 목표 설정에 문제가 있었는지 추진 방법에 문제가 있었는지 등 문제점과 개선점을 분석해서 목표를 이루기 위해 매달 스스로 자신을 점검한다.

넷째, 일상에 필요한 연락은 간호사 업무의 스케줄과 상관없이 최대한 빨리 마무리한다. 보통 스케줄러를 사용하는 사람들은 할 일을 스케줄러에 작성하고 하루를 마무리하기 전에 내일 해야 할 일을 떠올리고 내일 잘 챙기겠다고 생각하면서 하루를 마무리한다. 그러나 다음날 예상치 못한 일이 발생할 수 있고, 생각지 못한 변수로 그 일을 못하게 되어 뒤로 밀린다. 이런 식으로 해야 할 일들이 밀리면 시간 관리를 제대로 못하게 된다.

나 같은 경우는 새벽이나 주말에 업무를 종종 하는데, 업무를 하면서 그때그때 생각나는 업무가 생겨서 동료들에게 연락을 해야 하는 경우가 있다. 그렇다고 새벽이나 주말에 연락할 수는 없어서 예약 문자와 예약 메일로 발송해둔다. 예를 들어 토요일에 메일을 발송하면서 월요일 오전 9시에 도착하도록 예약을 해둔다. 그러면 월요일 오전에 내가 다른 업무에 집중하고 분주하더라도 오전 9시에 내 메일을 받은 동료는 그 메일에 따라 업무를 추진할 수 있게 된다.

또 문자나 메일에 신속하게 답장을 한다. 메일, 카톡, 문자로 연락이 많이 오게 되는데 연락을 받고 답장을 미루면 깜빡하거나 연락이 많이 늦어질 수 있다. 그래서 무조건 받은 즉시 답장을 한다. 가끔은 바로 회신을 주기 어려운 내용들이 있다. 그렇다면 오늘은 회신이 어렵고 언제까지 회신을 하겠다는 답장을 보내고 나에게도 한 번 더 예약 전송을 해둔다. 메일함을 구분해서 미처리 업무함에 임시로 넣어놓는 것도 하나의 방법이다.

차이 나는 1년을 맞이하는 힘

하루 3교대로 라이프 사이클이 돌아간다고 하루 24시간이 36시간이 되지는 않는다. 남들보다 촘촘하게 사는 대신 남들보다 더 활용 가능한 자기만의 시간 관리 노하우를 루틴처럼 습관화하다 보면, 자투리 시간을 활용해 훨씬 많은 것들을 배우거나 취미로 즐길 수 있다.

내가 즐겁고, 내가 내 직업에 만족하면서 환자에게도 좋은 영향력을 끼치는 뉴칼라형 간호사가 되기 위한 제1조건은 첫째도 시간 관리, 둘째도 시간 관리라고 생각한다. 누구에게나 똑같이 주어진 24시간을 얼마나 계획 있고 자기 주도적으로 쓰느냐에 따라 차이 나는 다음 1년을 맞이할 수 있게 될 것이다. 그리고 그 차이는 오롯이 나 자신의 것이 될 것이다.

취업, 경력, 스펙의 3단계 스텝을 밟아라

어느 병원인지보다 어떤 경력을 쌓았는지가 중요하다

대부분의 간호학과 학생들이 원하는 취업처는 상급종합병원이다. 그러나 상급종합병원에 취업할 수 있는 학생들은 한정되어 있고, 그다음으로는 상급종합병원은 아니지만 규모가 큰 대형병원 취업을 희망한다. 그래서 많은 학생들이 학점을 관리하고 토익 등 영어 점수를 취득해서 대형병원에 취업을 하게 된다. 대형병원 취업에 성공하면 이제 간호사로 성공했다고 말할 수 있을까? 물론 아니다. 중요한 것은 첫 직장이 얼마나 크고 화려했냐가 아니라 간호사 면허증 취득 후 간호사로서 어떻게 경력을 쌓아왔느냐이다.

우리나라 정신간호계의 거장으로 꼽히는 A간호사는 첫 직장이 규모가 그리 크지 않은 정신병원이었다. 정신 건강에 관심이 많아 큰 병원에 가지 않고 정신과 근무를 희망해서 정신병원에서 경력을 쌓았다. 정신전문간호사, 정신건강간호사 등의 자격증을 취득했고, 정신 간호 관련 단체 활동도 충실히 하면서 정신간호에 잔뼈가 굵은 베테랑이 되었다. 지금도 정신 관련 행사에서 강의를 하고 정부에서 정신장애인 관련 정책 및 규정을 만들 때 자문위원으로 참여해서 간호사로서 위상을 높이고 있다.

B간호사는 감염관리 분야의 전문가다. 우리나라에서 처음으로 병원에 감염관리전담자를 배치할 때부터 감염관리간호 분야의 개척자로 활동하면서 감염관리 매뉴얼 및 표준 개발, 감염관리교육프로그램 개발 등을 추진했다. 메르스, 신종플루, 코로나19 등 감염성 질환이 유행할 때도 전문성을 발휘하며 관련 단체에 조언을 해주고 특강을 진행하기도 한다. B간호사가 주도해 개발한 감염관리 매뉴얼이 감염병 확산에 방지하는 효과를 거둬 정부 포상을 받기도 했다.

크지 않은 규모의 산부인과 병원에서 경력을 쌓은 C간호사는 모유수유 전문가 자격을 취득하고 유방마사지 기술을 배워 모유수유전문시설을 창업해서 지금은 전국에 지점을 둔 대표로 있으면서 수많은 후배들을 양성하고 있다. 실력이 입소문이 나서 유명인들도 찾아가는 곳으로 명성이 자자하다.

이렇듯 간호사로서 성공한 선배들을 보면 무조건 큰 병원 출신은 아니다. 결론적으로, 어느 병원에 근무했느냐가 아니라 어떤 경력을 쌓고 관리했느냐가 성공하는 간호사로 커가는 데 가장 기본이자 가장 빠른 방법이라는 이야기다. 따라서 첫 취업에서 내가 원하는 병원에 가지 못했더라도 희망을 갖고 경력 관리에 집중하는 것이 무엇보다 중요하다. 경력 관리를 잘 하다 보면 어느 순간 한 분야의 전문가가 될 수 있다.

경쟁력의 차이는 연차가 아니라 경력 관리에서 나온다

대부분의 학생들은 졸업 학년의 취업을 중시한 나머지 학교 재학 중에는 학점 관리와 영어 공부에 매진하다가도 자신이 목표하고 원했던 병원에 취업하지 못하면 금세 좌절하곤 한다. 그래서 정작 중요한 인생 커리어를 개발하고 관리하는 데는 소홀하기 쉽다. 그런데 목표로 하는 병원에 취업했다고 해서 목표 달성을 한 것은 아니다. 무조건 연차만 쌓았다고 해서 자연스럽게 좋은 경력으로 이어지지는 않기 때문이다. 간호사 20년 했다고 해서 10년 경력의 간호사보다 더 경쟁력이 높다고 말할 수 없다. 이런 일은 왜 생길까? 바로 경력 관리를 누가 더 잘했는가에 따라 달라지기 때문이다. 경쟁력의 차이는 연차가 아니라, 누가 얼마만큼 더 효과적으로 경력을 관리했느냐에 좌우된다. 체계적으로 경력을 관리하려면 어떻게 해야 할까?

1단계, 일단 병원에 취업한다

일반적으로 대학병원은 보통 졸업예정자 대상으로 신규 간호사 공고를 낸다. 4학년 학생들은 이 시기에 원서를 쓰고, 합격하면 4학년 때 취업이 확정된다. 이렇게 취업하는 방법이 첫 번째 방법이다. 대략 1~5군데 정도 원서를 쓰도록 권장한다. 그러나 원서를 여러 군데 썼는데 모두 다 떨어지는 경우가 많고, 가끔은 간호사 국가시험이나 학업 스트레스로 원서를 쓰지 않는 경우도 있다. 이력서와 자기소개서를 작성하는 것도 쉽지 않은데 합격하기까지 계속 마음을 졸여야 하고, 서류에 합격해도 필기시험과 1·2차 면접 등 그 과정이 부담스럽기 때문이다.

만약 원서를 쓴 모든 곳에서 떨어졌을 경우, 취업할 수 있는 두 번째 방법이 기졸자로 취업하는 것이다. 기졸자란 이미 졸업해 간호사가 된 학생들이다. 사실 졸업하고 간호사 면허증을 취득했기 때문에 학생보다 간호사라는 말이 더 적합하겠지만, 간호사로서의 경력이 아예 없기 때문에 경력 간호사로 뽑을 수는 없는 사람들이다. 즉, 학생이 아닌 간호사지만 신입인 상태를 의미한다. 병원에서는 공채 선발 시 중복 합격자가 합격 포기를 하거나 퇴사자 발생 등의 이유로 추가 채용이 필요하기 때문에 기졸자 모집을 하게 된다. 보통 1월에 간호사 국시를 보고 2월에 졸업을 하면 3월부터 쭉 기졸자 채용을 한다.

기졸자 채용에 응시할 때 장점은 공채보다 합격 커트라인이 낮다는 것이다. 우수한 성적의 학생들이 이미 취업을 확정했기 때문에 기졸자는 합격 커트라인에서 좀 더 여유가 있다. 또 이미 졸업한 이후에 취업 준비를 하기 때문에 국시 공부나 학점 관리를 하지 않아도 되므로 마음 편하게 취업에만 신경 쓸 수 있다. 그래서 몇몇 학생들은 아예 공채 시즌에 지원하지 않고 기졸자 채용을 노리기도 한다. 반면에 기졸자 채용은 정기적이기 않기 때문에 내가 원하는 병원에서 기졸자 채용을 하지 않을 수도 있다는 점과 설사 기졸자 채용을 하더라도 언제 할지 알 수 없기 때문에 무작정 그 기회만을 기다릴 수 없다는 것이 가장 큰 단점이다. 한마디로, 채용 시장 자체가 불안정하다는 것이 기졸자 채용의 큰 걸림돌이라고 할 수 있다.

졸업과 동시에 취업하든 기졸자 채용으로 입사하든 간에 취업이 확정되면 입사해서 간호사로 경력을 쌓으면 되는데, 이때 성적이 좋지 않거나 면접을 못 봐서 원하는 병원에 입사하지 못하는 학생들은 자신이 원치 않은 병원에 취업을 하게 된다. 다행히 병원마다 간호사 인력난에 시달려 간호사가 취업을 못하는 경우는 없으므로 아무 병원이라도 들어갈 수는 있다. 그러나 그렇다고 진짜 아무 병원이나 들어가면 경력 관리에 차질이 생길 수 있다. 공채와 기졸자 채용 다음으로 공략해야 하는 전략이 경력 간호사 채용으로 입사하는 방법인데, 첫 취업부터 경력 관리를 제대로 할 수 없는 곳에 취업하면 경력의 밑그림부터 틀어지기 때문이다. 병원에서 경력 간호사를 선발할 때는 학업 성적이나 출신 학교보다 어느 병원에서 얼마만큼 일했느냐가 기준이 되기 때문에 경력직 이직을 염두에 두고 취업 전략을 수립해야 한다. 내가 취업 시 추천하는 병원 기준은 다음과 같다.

서울 소재 상급종합병원

대학교 진학 시에 인서울로 대학을 가는 것을 중요하게 생각하듯 병원도 마찬가지다. 병원 규모에 따라 환자 중증도가 다르고 의료 장비 등의 구성이 다르기 때문에 규모가 큰 병원에서 더 많이 배울 수 있고, 당연히 연봉도 높다. 또 대학병원 간호사의 경우는 대학 교직원이 되는 것이므로 사학연금의 혜택을 받거나 같은 대학의 대학원 진학 시 학비 등을 지원받을 수 있다.

수도권·광역시 소재 대학병원

서울에 거주하는 것이 부담스럽다면 인천이나 경기도 등 수도권 소재 대학병원이나 집에서 가장 인근에 위치한 대학병원을 추천한다. 특히 국립대병원 같은 경우는 법정 근로조건을 준수하기 때문에 연차, 휴직 등의 복지가 잘 되어 있다. 만약 집 근처 대학병원에 지원했다가 떨어졌다면 꼭 집 근처에서 직장 생활을 하지 않아도 될 상황이거나 적응력이 뛰어나다면 집에서 멀더라도 대학병원에 가는 것이 좋다.

300병상 이상 종합병원

대학병원에서 뽑는 간호사 인원에 비해 경쟁률이 높기 때문에 대학병원에 입사하는 것이 쉽지만은 않다. 따라서 굳이 대학병원에 지원하는 대신 300병상 이상 규모의 종합병원에서 2년 이상 경력을 충실하게 쌓는 방법을 택하는 것도 좋다. 이 경력은 짧은 대학병원 경력보다 유용하다. 그리고 계속 현재의 병원에 만족을 못하고 꼭 대학병원에 입사해야겠다는 생각이 지속되면 300병상 이상 규모의 종합병원에서 경력을 쌓은 뒤 대학병원 경력직으로 이직하는 것을 목표로 하면 된다.

특화병원

개인 성향상 대형병원 시스템에 도저히 적응하기 어려운 간호사들도 있다. 이런 경우는 노인병원, 정신병원, 아동병원, 여성병원, 재활병원 등 전문적인 경력을 쌓을 수 있는 특화병원에 취업할 수 있다. 보통 대학병원은 순환 근무(Rotation)를 통해 한 부서에서만 일하지 않고 일정 기간 경력을 쌓으면 다른 부서로 이동하게 된다. 이는 다양한 업무 경험을 통해 여러 업무에 대한 안목을 넓히고 직원을 성장시키는 것을 목적으로 한다. 그런데 이러한 부서 이동에 대한 스트레스로 퇴사하는 간호사들도 있고, 때로는 간호사들의 전문성을 약화시키기도 한다. 반면 특화병원에서는 한 분야에 오래 일하면서 관련 분야 전문가로 성장할 수 있기 때문에 경력을 관리하는 좋은 기회가 될 수 있다. 단, 특화병원의 경우는 비교적 규모가 작아 연봉이 적다는 단점이 있으므로 이러한 부분은 감안해야 한다.

앞에 제시한 4가지 기준은 어디까지나 일반적인 기준이므로 각자 성향에 따라 맞는 병원을 선택하는 게 좋다. 따라서 본인이 하고 싶은 분야를 잘 고민해서 그 분야 경력을 충실히 쌓아나가길 바란다.

2단계, 최소한 1년 이상 경력을 쌓는다

2단계에서 중요하게 생각해야 할 점은 어느 병원을 가느냐보다 1년 이상 경력을 쌓는 것이다. 우리나라 최고의 병원에 입사했다고 하더라도 15일만 일하고 퇴사했다면 그 경력은 인정받을 수 없는 경험에 불과하다. 물론 나는 이 경험조차 소중하다고 생각하는 편이어서 학생들에게 큰 병원에 먼저 도전해보라고 권하는 편이다. 아예 가보지 않은 것과 가서 직접 그 조직에 몸담고 경험하는 것은 다르기 때문이고, 막상 가보면 생각보다 잘 견딜 수도 있기 때문이다. 다만 그 경험은 경력으로 활용할 수는 없다. 또 기관에 따라서 1년 미만 경력을 인정해 주지 않는 곳도 있기 때문에 제대로 경력 산정을 받기 위해서는 최소한 1년은 경력을 쌓아야 한다. 물론 한 곳에서 3~5년 이상 경력을 쌓는 것이 더 중요하긴 하다. 이력서에 짧은 경력만 나열된다면 경력이 다양하다고 인정해 주는 것이 아니라 인내심이 없고 한 곳에 진득하게 못 버틴다고 여겨지기 때문이다.

나의 경우도 거주지를 이동하면서 직장을 여러 번 바꾼 적이 있었다. 차도 없었던 시절이라 지역이 완전히 달라지면서 도무지 출퇴근을 할 수 없어 직장을 옮기게 되었는데, 어쨌든 이력서상으로는 쪼가리 경력이 나열되어 있을 뿐이고 아무도 나의 속사정에는 관심이 없었다. 자기소개서에 성실하고 책임감이 강한 성향이라고 주장했지만, 이미 이력서상의 쪼가리 경력 때문에 쉽게 그만두는 사람으로 보였을 뿐이었고, 뒷장의 자기소개서는 변명에 불과해 보였다. 자기소개서에 이직 사유도 충실하게 작성했지만, 면접 볼 때마다 면접관들은 자기소개서는 보지 않고 "왜 이렇게 직장을 옮겨 다녔는가?"라는 질문을 늘 할 뿐이었다.

이런 기준은 내가 면접관으로 임했던 반대의 상황에서도 동일하게 적용되었다. 내가 채용 심사위원으로 참여할 때, 나 역시도 직장을 1년도 채우지 않고 그만둔 사람들은 한 기관에 꾸준히 근무한 사람들보다 상대적으로 심사에서 좋은 점수를 주지 않았다.

또 기관마다 채용의 공정을 기하기 위해 내부에 정량 지표 점수의 기준이 있는 경우가 있다. 이런 경우에는 지원자의 근속 연수, 근무했던 기관의 규모 등에 따라 점수가 다르게 채점된다. 예를 들어 5년 이상 경력이 있는 경우 10점, 3년에서 5년 사이 경력의 경우 8점, 1년에서 2년 사이 경력의 경우 5점, 그 외는 0점이라고 한다면 아무리 자기소개서에 구구절절 자신의 사정을 언급했다고 하더라도 이미 이력서상의 정량적 기준에서 서류 탈락을 하게 되는 것이다.

3단계, 유사한 분야의 경력과 스펙을 만든다

3단계에서 가장 중요한 것은 나만의 전문성이다. 가급적이면 한 기관에서 꾸준하게 일을 하는 것이 좋겠지만 상황과 형편에 따라서 이직을 해야 하는 경우가 있다. 그런 경우에는 유사한 분야에서 일관성 있게 경력 관리를 하는 것이 좋다. 간호사는 병원 또는 지역사회 여러 기관에서 근무하면서 공공기관 정책 개발 관련 위원, 협회나 단체의 운영위원 또는 자문위원, 전문분야 전문강사 등으로 활발하게 활동할 기회가 많다. 전문가로서 충분한 자격을 갖춘 간호사라면 누구에게나 다양한 활동의 기회가 열려 있다.

'전문가 역할 이론'으로 유명한 간호 이론가이자 학자인 패트리샤 베너(Patricia Benner)에 의하면, 간호사로서 전문가가 되려면 최소 5년 이상의 경력이 있어야 한다고 한다. 무조건 간호사로 5년

이 지나서 전문가가 되는 것이 아니라 역량을 성장시키고 주도적으로 영향력을 행사하는 수준이 되어야 하는 기간을 5년이라는 수치로 제시한 것이다. 구체적으로 다른 간호사들의 롤모델로서 조언자 역할이 가능하고, 환자들의 과거와 현재를 통해 미래를 예측할 수 있어야 하며, 이를 위해 상황에 적절하게 반응하고 개입하고, 위기 시에도 충분히 팀 리더로서 역할을 해낼 수 있어야 한다. 그러기 위해서는 한 분야에서 충실하게 경력을 쌓아나가야 한다.

예를 들어 2년간 척추전문병원 수술실에서 근무하다가 산부인과로 이직해 병동에서 1년 근무하고 그다음 2년은 내시경실에서 근무했다고 한다면 5년간 간호사로 일하면서 풍부한 경험은 쌓았지만, 전문가로서 영향력을 발휘하거나 급여를 높이기는 쉽지 않을 것이다. 똑같이 3번 이직했어도 종합병원 소아병동 2년, A아동병원 1년, B아동병원 2년 등의 식으로 일관성 있는 경력을 쌓는다면 이직 횟수가 좀 있는 편이라고 해도 아동간호 분야의 전문가로서 자리매김이 가능하다.

체계적으로 경력 관리를 한다는 것은 삶의 대부분의 시간을 투자하는 간호사 업무를 하는 동안 내 경력에 보탬이 되는 방향으로 포트폴리오를 짜라는 의미다. 앞에 제시한 경력 관리 3단계를 염두에 둔다면, 경력 관리에 실패하는 일은 없을 것이다.

먼저 좋은 사람이 되라

과학적 간호의 시발점, 오지랖

제아무리 똑똑한 간호사라고 하더라도 신규 간호사가 경력 간호사를 능가하기는 쉽지 않다. 앞에서도 말했지만, 전국 1등 출신 신규 간호사보다 전교 꼴찌 출신이지만 경력을 10년간 충실히 쌓아온 간호사가 더욱 전문적으로 간호 업무를 수행할 수 있다. 그 이유는 신규 간호사에게는 없는 무언가 특별한 것이 경력 간호사에게는 있기 때문이다. 그것을 사람들이 소위 은어로 표현하는 '짬에서 나오는 바이브'라는 문장으로 설명할 수 있을까? 어쨌거나 경력 간호사에게는 짬에서 나오는 그 특별한 무언가가 있다.

나는 그중 하나가 '오지랖'이라고 생각한다. 오지랖 넓은 간호사는 환자에게 궁금한 것이 많다. “왜 다치셨어요? 언제부터 이렇게 아프셨나요? 여기는 왜 흉터가 있는 건가요?” 등 끊임없이 환자에게 관심을 갖고 질문을 하다 보면 환자에 대해 더 많이 알게 되고 그것은 곧 과학적 간호의 첫 시발점이 된다. 요즘 체계적이고 과학적인 간호를 추구하면서 간호학에서 많이 강조하는 것이 근거 기반 간호이고, 이를 위해서 객관적이고 주관적인 자료를 충분히 수집해 사정하는 것이 첫 번째 단계다. 환자에 대한 보이는 정보뿐 아니라 보이지 않는 정보까지 파악하기 위해서는 관심을 갖고 묻고 또 물어야 한다.

새침데기 간호사가 넉살 좋은 간호사가 되기까지

일반적으로 간호학과에 입학해 1학년 1학기에 처음으로 배우는 전공과목은 《간호학개론》이다. 《간호학개론》에는 “간호사는 나이가 들수록 빛나는 직업이다”라는 내용이 있는데, 간호대학생 시절만 해도 이 문장이 그다지 크게 와닿지 않았다. 그러나 나이가 들어갈수록 점점 더 절실하게 실감하고 있다.

나는 중학생 사춘기 무렵부터 사람들의 시선이 의식되어 먼저 타인에게 말을 걸거나 나서는 것을 주저하게 되었다. 나대는 애라고 손가락질받을 것이 두렵기도 했고, 괜히 눈에 띄어 친구들에게 뒷담화를 들을까 봐 걱정되기도 했다. 누군가 먼저 말을 걸어와도 어떻게 대화를 이어 나가야 하는지 몰라서 어려웠다. 그래서 낯을 가렸고 모르는 사람들과 친해지는 것이 힘들었다. 사람들 앞에서 활짝 웃는 것도 쑥스러워서 무표정으로 다니다 보니 본의 아니게 새침하다는 이야기를 듣게 되었다.

그러다가 고등학생이 되어서 학생회 임원을 맡게 되었다. 임원 활동을 하다 보니 축제 때 사회를 보기도 하고 체육대회도 기획하며 전교생 앞에 서는 일이 많아졌다. 임원 활동을 잘 해내기 위해서 학우들에게 먼저 인사하고 이름을 물어보고 말을 걸게 되었고, 선생님들과도 스스럼없이 지내게 되었다. 먼저 인사를 하고 말을 걸어도 이상하게 보는 사람들은 없었고 대부분 반가워하며 환한 미소에는 환한 미소를 보여줬다. 그렇게 지내면서 점점 넉살이 늘어갔다.

20대에는 교회에서 교사로 학생들을 가르치기도 하고, 동아리 대표를 맡아 후배들과 동기들을 이끌면서 성인으로서 맡은 역할을 감당하면서 사람들에게 먼저 말을 걸고 모르는 사람과도 편안하게 이야기할 수 있는 붙임성이 늘어갔다. 30대에는 아이 엄마로서 살다 보니 부끄럼 많던 중학생 소녀는 사라지고 어느덧 대한민국 아줌마가 되었다.

간호사는 환자들에게 먼저 다가가고 친근하게 대하며 환자들 마음의 문을 열어줘야 한다. 그래서 나이가 들수록 간호사로서의 노하우와 넉살이 결합하면서 상대적으로 젊은 간호사보다 나이든 간호사들이 환자들에게 친근하게 다가가 마음의 문을 열 수 있는 것이다.

그렇다고 해서 젊고 어린 간호사들이 사람을 대하는 스킬이 부족한 것은 아니다. 오랜 인생의 경험이 없더라도 학습과 훈련으로 이것들을 극복할 수 있다. 그러기 위해서는 간호사에게 넉살과 오지랖이 왜 필요한지 먼저 마음 깊이 공감하고, 공감이 되면 이를 연습하고 훈련하며 환자들에게 더 가까이 다가가야 한다. 환자들의 마음이 열리면 간호사와 환자 간에 라포(Rapport)가 돈독해지고 결국 간호사를 신뢰하며 치료에 잘 순응해 환자의 회복에 도움이 된다. 반대로 간호사에게 상처를 받고 간호사를 불신하게 된다면, 환자는 입원 기간 내내 스트레스를 받으며 믿지 못하는 간호사가 하라는 것에 반발하게 된다.

인연도 만들 수 있다

내성적이고 새침한 간호사가 하루 아침에 넉살 좋은 간호사가 될 수는 없다. 직장에서는 외향적 성향으로 일하다가 집에 와서는 내향적 성향으로 돌변할 수도 없는 법이다. 그렇다면 직장 외에서도 꾸준히 사람들을 관찰하며 인간에 대해 고찰해야 한다. 그러한 인간에 대한 관심과 애정이 결국 좋은 간호사가 될 수 있는 기반이 되어 환자들의 마음과 행동을 이해하고 공감할 수 있게 되는 것이다.

사람의 인연을 만드는 것은 쉽지 않다. 최근 한 TV 프로그램에서 상류층 결혼정보회사 가입 비용이 3억 3천만 원이라는 것을 보았다. 이처럼 사람들은 좋은 인연을 만나기 위해서 돈을 아끼지 않는다. 물론 돈을 쏟아붓는다고 해서 좋은 사람을 저절로 만날 수는 없겠지만, 시간과 돈이 귀한 자본주의 사회에서 불필요하게 시간을 낭비하지 않고 조건에 맞는 사람을 만나고 싶어 하는 이들에게는 이 비용조차 자연스러운 대가라고 생각하지 않을까 싶다.

꼭 부자가 아니더라도, 인맥을 위해 술자리나 식사 자리를 만드는 일은 평범한 사람들에게도 흔한 일이다. 요즘 같은 고물가 시대에 이 역시 만만치 않은 비용이 들어가는 일인데, 자본주의 세상에서 돈이면 다 될 것 같은 물질만능주의가 팽배한 요즘 시대에 굳이 자기 돈을 써가면서 왜 좋은 사람들을 만나기 위해 애쓰는 걸까. 사람들이 사는 이 사회에서는 인간 간의 관계가 필연적이며, 좋은 인맥은 내 인생을 바꿔줄 만한 강력한 파급력이 있기 때문이다. 이는 전 세계 전 세대를 막론한다. "친구 따라 강남 간다"는 속담과 맹모삼천지교 이야기에서도 알 수 있듯이 옛 조상들 역시 좋은 이웃을 만나고 좋은 친구를 사귀는 것의 중요성을 강조해 왔다.

인간관계가 얼마나 중요한지 인간관계를 다른 말로 '인맥'이라고 하기도 한다. 인맥은 한자 사람 인(人)과 줄기 맥(脈)을 결합해 만들어진 단어다. 여기에서 '맥'은 생명의 줄기다. 산맥, 맥락 등의 단어에서도 사용되며, 맥박이라는 단어에서도 볼 수 있다. 즉, 인간 생명의 심장에서 뛰는 박동인 맥이 끊어지면 죽는 것처럼 인맥이라는 단어를 통해 사람과의 관계가 생명의 핵심을 의미한다고 볼 수 있다.

좋은 인맥을 쌓기 위한 노하우

좋은 인맥을 만들기 위해서 당연한 것은 내가 좋은 사람이 되는 것이다. 사람들은 본능적으로 자신과 유사한 성질을 가진 사람들을 알아보고 끌려 한다. 음악을 좋아하는 사람은 음악을 즐기는 사람과 어울리고, 운동을 좋아하는 사람은 함께 운동하는 사람들을 만나고, 술을 좋아하는 사람은 술을 좋아하는 사람들과 함께, 책을 좋아하는 사람은 책을 좋아하는 사람들과 함께 '끼리끼리' 어울린다. 그래서 내가 먼저 좋은 사람이 되는 것은 당연한 이치다. 이러한 당연한 이치 외에 특별한 노하우를 소개한다.

나의 일상을 공개한다

나는 초등학교 때 1번, 중학교 때 2번 전학을 다니면서 친구들과 연락이 종종 끊어지는 경우가 있었다. 초등학교에서 중학교로, 중학교에서 고등학교로 진학하는 과정에서도 친구들과 다른 학교로 진학하면 소식이 끊어지는데 그 와중에 전학까지 다니니 친구들과 관계가 단절되는 일이 빈번했다. 내가 좋아하는 친구들이 도대체 어떻게 지내는지 무엇을 하는지 궁금했는데, 나도 공부하며 내 일상을 사느라 정신이 없어서 친구들에게 자주 연락하기 어려웠다. 그래서 생각했던 것이 나의 '소식 편지'를 쓰는 것이었다.

나는 교회를 다니는데, 교회에서 해외로 선교사를 파견하는 경우가 있다. 선교사들은 후원을 받아 선교 사역을 하면서 후원자들에게 사역 상황을 정기적으로 보고하는 편지를 보낸다. 거기에서 착안을 해서 1년에 두 번 정도 내 상황을 적은 신문을 만들어 지인들에게 메일로 발송했다. 주제는 이경주, 나의 근황에 대해서였다. 필자도 이경주, 발행자도 이경주, 편집자도 이경주. 온전히 내가 나의 일상을 적었다.

그렇게 나의 생활을 정리하다 보니 나 역시 자신을 돌아볼 수 있게 되었다. 무슨 공부를 하고 있는지, 관심사는 무엇인지 등에 대해 적고 가족들의 간단한 근황과 나의 최근 사진도 몇 장 넣었다. 나의 지인들은 사진을 통해 나를 보며 반가워했고 최근 헤어스타일은 어떤지 시시콜콜한 정보도 알 수 있게 되었다. 이렇게 해서 메일을 보내면 30~40%의 사람들은 잘 받았다고 답장을 보냈고, 20~30%의 지인들은 본인의 소식을 적어서 회신했다. 이렇게 해서 나는 지인 및 친구들과 소식이 끊기지 않게 관리를 할 수 있었다.

물론 지금은 인스타그램, 페이스북, 카카오톡 프로필 등 SNS를 통해 근황을 상시로 업데이트할 수 있는 다양한 채널이 있기 때문에 더 이상 이경주 신문을 발간하지 않지만, 20대 당시 그렇게 발행했던 소식지를 통해 귀한 인연들을 이어 나갈 수 있었다. 지금은 이러한 일상이나 근황을 SNS로 소통할 수 있는데, 블로그, 인스타그램 등을 잘 사용하면 돈독한 관계를 유지할 수 있다.

먼저 연락한다

사람들은 연락하는 것이 싫고 귀찮아서 연락을 안 한다기보다 뜬금없이 연락하면 타인이 불편해할까 봐 먼저 연락하지 않는 경우도 많다. 그런데 뜬금없어도 먼저 안부를 전하면 상당히 많은 사람들이 의외로 반겨준다.

요새는 카카오톡에서 친구의 생일을 알려주는데, 생일을 알면 꼭 선물을 보내지 않아도 생일 축하한다는 톡을 보낸다. 그러면 오랜만에 반가운 연락을 받은 친구는 생일을 더욱 풍성하고 기쁘게 보낼 수 있다. 또 카카오톡 프로필에 자신의 상황을 업로드 하는 경우도 많다. 나는 그럴 때도 먼저 연락을 보낸다. 졸업한 학생이 결혼식 사진을 올렸을 때, 아이를 출산한 사진을 올렸을 때도 먼저 연락해서 축하를 전했다. 졸업한 이후에 교수로부터 온 뜬금없는 축하는 정말 예상치 못했을 텐데, 학생들은 정말 고마워했고, 졸업하고 나서 교수님에게 연락을 해도 되나 하는 작은 고민마저 해결해줬다. 그렇게 또 인연을 이어가는 학생들은 직장을 옮기거나 소식을 전할 일이 생기면 나에게도 먼저 편하게 연락을 하면서 계속 사는 소식을 함께 나누는 인연으로 깊어졌다.

우환 시에는 마음을 표한다

가끔씩 부고나 투병에 대한 연락이 오는 경우가 있다. 나와의 관계가 없더라도 단지 전화번호부에 있다는 이유로 또는 동문이나 같은 단체 소속이라는 이유로 전체 문자로 전달되다 보니 친하지 않은 사람들이 겪는 가족의 애사(哀史)를 알게 된다. 이럴 때는 기꺼이 연락을 드린다. 개인적 관계가 없어서 대뜸 전화를 하지는 못하지만 문자로라도 연락을 드려서 감히 짐작할 수 없는 그 슬픔을 함께 안타까워하고 응원하고 있음을 전달한다. 힘든 상황에서 여러 사람들에게 연락을 받는 것이 오히려 더 힘든 무게로 다가올 수도 있지만, 시간이 지나면 그 마음 씀씀이가 고마울 수밖에 없다.

일터에서 만난 인연을 소중하게 생각한다

간호사는 많은 환자들을 만난다. 이를 업무로 생각하면 수많은 환자와 가족들이 왔다 가는 것으로 생각하지만, 환자들을 소중한 인연으로 생각하면 돈 주고도 바꿀 수 없이 귀하다. 가수 강남은 지하철에서 옆자리에 앉은 동갑내기와 인연을 맺고 예능인으로 꽃길을 걷게 되었다고 밝혔다. 이렇듯 정말 상상할 수 없었던 이외의 사람이 나의 재산이 될 수 있다.

비대면 시대, 더 중요해진 인간관계

요즘 같은 시대에 스마트폰만 있으면 주문 및 배송이 원스톱으로 해결되고 비대면이 만연해서 꼭 얼굴을 보지 않아도 해결된다고 하면서, 인맥이 과거에나 중요했지 지금은 중요하지 않다고 말하는 사람들도 있다. 천만의 말씀이다. 오히려 비대면의 확대로 진짜 인간과 인간의 관계를 맺는 것이 더욱 어려워졌다. 그래서 인위적으로라도 관계를 억지로 만드는 업체가 생기는 것이고 비용을 지불하고도 관계를 만들고자 하는 것이다.

SNS나 유튜브를 통한 소통 채널이 많아져 누구나와 관계를 맺을 수는 있지만 진짜 관계로, 진짜 인연으로 발전하는 것은 만만치 않다. 내가 먼저 사람을 소중하게 생각하고 인연을 이어 나가기 위해 노력한다면, 황금보다 귀한 인맥이 나의 삶을 풍성하게 해줄 것이다.

할 수 있는 투자를 활용하라

주제 넘쳤던 '묻지마 기부'

나의 아버지는 교육공무원으로 근무했는데, 고지식할 정도로 강직한 분이었다. 관리자로 재직하던 시절에 지역 간부공무원 청렴도 평가에서 3년 연속 1위에 오르실 정도였으니 얼마나 황금 보기를 돌같이 하셨는지 모른다. 이런 아버지를 나는 깊이 존경했고 이상형이 아버지 같은 사람일 정도로 돈보다 돈으로 살 수 없는 가치에 가중치를 부여하며 돈을 터부시했다. 그리고 물질만능 세상에서 이런 나 자신이 기특했고 흐뭇했다. 그래서 나는 용돈을 받던 대학 시절에도 돈을 쪼개서 불우이웃에게 기부를 했고, 첫 직장에서 받은 첫 월급은 몽땅 기부했다.

돈에 가치를 두지 않는다면서 그렇게 주제에 맞지도 않은 선한 일을 남발하던 나는 결정적일 때는 정작 돈이 없어서 가족들에게 손을 벌렸다. 예를 들면 면접을 보러 가기 위해 정장을 사거나 갑자기 넘어져서 다리를 다쳐서 병원에 가게 되거나, 휴대폰이 고장 나서 교체하는 것 등 생각지도 못한 지출이 생기면 언니와 동생에게 10~20만 원씩 돈을 빌렸다. 그때는 20대였기 때문에 다음 달 월급을 받으면 금방 상환할 수 있었고 나에게 경각심을 줄 정도로 큰일은 아니었다.

그렇게 살던 내가 결혼을 해서 가정을 꾸리게 되었다. 결혼만 했다뿐이지 생활습관은 그대로여서 돈을 모아야 한다는 생각보다, 돈보다 가치 있는 것에 인생을 투자하는 것이 더 중요하다고 생각했고 그렇게 아낌없이 살았다. 그런데 아이를 낳고 나이가 점점 들어가면서 돈이 있어야만 할 수 있는 것들이 생기기 시작했다. 교수로 근무하면서 형편이 어려운 학생들을 많이 보게 되었는데, 그런 학생들에게 장학금을 주는 것이나 엄마로서 아들을 좀 더 좋은 환경에서 교육을 시키는 것은 돈이 있어야 가능한 것이었다.

돈과 담을 쌓으면서 돈을 귀하게 대하지 않았던 나에게 현실은 냉정했다. 돈이야말로 너무 정직해서 땅을 파도 시간이 흘러도 구할 수 없고, 반드시 땀 흘려 벌든 받은 돈을 알뜰살뜰 모으든 해야 하는 것이었기 때문이다. 그렇게 뼈저린 현실을 직시하게 될 무렵 부동산 시장이 들썩이더니 3억 원짜리 아파트가 10억

원이, 10억 원짜리가 20억 원이, 20억 원짜리가 50억 원이 되었다. 많은 이들이 그저 가만히 있었을 뿐인데 벼락거지가 되었다. 30대의 나는 이제 깨달았다. '아, 돈은 인생 최고의 가치는 아니지만 내 삶을 지켜주는 강인한 안정감이구나. 사람을 찌르는 무기가 될 수도 있지만 사람을 살리는 메스가 될 수도 있는 거구나'.

월급쟁이로 부자 되는 법

월급쟁이가 부자가 되는 가장 쉬운 방법은 월급을 많이 받는 것이다. 다른 방법은 필요도 없다. 그런데 현실적으로 간호사로서 부자가 될 만큼 월급을 많이 받는 것은 불가능에 가깝다. 결국 간호사가 돈을 벌기 위해서는 월급쟁이를 그만두고 창업을 해서 사업이 대박 난다든지 유튜브를 운영하며 채널이 '떡상'을 한다든지 하는 것인데, 이는 간호사 외에 다른 일을 하는 것이기 때문에 그냥 직장 생활하는 간호사로 존재하고 싶은 많은 간호사들에게는 있을 수 없는 일이다.

그렇다면 간호사가 간호사로 안정된 고정 월급을 받으면서 부자가 될 수 있는 방법은 없을까? 월급쟁이가 돈을 많이 벌 수 있는 방법은 크게 2가지가 있는데, 하나는 부동산, 주식, 코인 등 투자를 통해서 수익을 창출하는 것이고, 다른 하나는 투잡, 쓰리잡 등 일을 늘려 수익을 창출하는 것이다.

간호사들은 봉사하는 정신이 투철하고 책임감이 넘치고, 또 집안에서는 가장의 역할을 하는 친구들이 대부분이다. 정직하고 성실하게 버는 돈에 자부심을 갖고 하루하루를 살아간다. 그래서 '투자'라든지 '투잡'을 하는 공격적인 성향의 사람들이 적은 편이다. 나 역시도 그러했고, 친구들도 대부분 비슷하다.

반면에 요즘 MZ세대 간호사들은 재테크와 경제적 자유를 위해 관심을 갖고 실천하는 경우가 많다. 내 지도학생들 중 한 명은 학교 다닐 때 성적이 좋지 않아 큰 병원에 취업하지 못하고 동네 작은 병원의 간호사가 되었다. 그런데 이 학생의 부모님이 경제적으로 깨어 있는 분이라 어릴 때부터 청약통장에 가입해 관리를 했고, 이 학생은 졸업하자마자 결혼해서 서울 지역 아파트를 신혼부부 특별공급으로 청약에 당첨되었다. 또 병원의 규모가 작다 보니 중소기업에 해당되어 중소기업 직원에게 혜택을 주는 청년내일채움공제를 통해 돈도 꽤 많이 모았다. 사실 청년내일채움공제 대상이 정규직에만 해당되어 비정규직 청년들에게는 기회가 없는데, 간호사는 비정규직이 거의 없는 직군이기 때문에 중소병원에 다닌다면 이 혜택을 꼭 챙기길 바란다.

또 부동산과 주식 등 투자에 대해 잘 아는 간호사들도 점점 늘고 있다. A간호사는 일찍이 부동산에 눈을 떠 건물을 여러 채 소유했는데, 병원에는 이런 사실을 밝히지 않고 소박하게 근무하고 있다. 이러한 친구를 보면서, 월급쟁이는 당연히 하면서도,

서브 잡으로 수익을 내는 것이 매우 보편적인 일이 되고 있다는 것을 알 수 있다.

투자, 일단 시작하는 게 중요하다

지금 당장 건물주 간호사처럼 되지는 못하더라도, 최소한의 경제 상식을 갖는 일은 필요하다. 투자를 하려면, 일단 '시작'하는 게 가장 중요하다. 투자에서 가장 힘든 게 바로 '시작'하는 일이기 때문이다.

투자 전에 주의할 사항이 있다. 절대 멋모르고 '남들이 하니까 나도 투자해볼까?'라고 생각하면서 남들보다 뒤처져 있다는 조급함으로 투자를 하면 절대 안 된다. 투자에서 가장 중요한 것은 모르고 투자하면 절대 안 된다는 것이다. 투자를 시작하기에 앞서 꼭 명심해야 할 점이다. 간호사는 투자에 대한 지식과 정보가 현저히 부족하기 때문에 오히려 평생 모아둔 돈을 잃을 수 있다. 가장 현명한 투자는 돈을 잃지 않고 지키는 것이다. 그러나 이는 현상 유지에 그치고 더 이상 수익을 내지 못하기 때문에 돈을 많이 벌기를 원하는 사람들에게는 안 하느니만 못한 조언에 불과하므로, 소소하게라도 꾸준히 돈을 벌고자 하는 간호사들에게 몇 가지 팁을 제안하고자 한다.

주식 계좌 개설

내가 처음 주식을 시작하게 된 계기는 우연이었다. 말장난 같지만, 나는 사실 주식을 하려고 주식을 시작한 것이 아니었다. 은행에 예금을 하려고 했는데 이자가 너무 낮아서 이자 높은 상품을 찾다가 '배당주'라는 것을 알게 되었다. 동생에게 안정적이면서 고배당을 주는 회사를 알려달라고 했더니 동생이 배당수익률 4% 정도의 회사를 추천해서 매달 10만 원씩 그 회사 주식을 사 모았다. 10만 원이 큰 금액이 아니다 보니 부담이 적었고, 정기적으로 들어오는 배당을 보면 흐뭇하기도 했다.

그렇게 배당주에 투자하다가, 배당수익률도 실적에 따라 변동이 있고 금액이 너무 미미하다 보니 주식을 좀 더 늘려보고 싶다는 생각이 들었다. 그래서 미국 주식을 알아보게 되었는데, 미국 주식은 배당금도 크고 주로 우상향하는 특성이 있어 장기적으로 묻어두는 데 적절할 것이라고 생각했다. 또 달러가 오르면 그만큼의 이익이 더 발생하기 때문에 미국 주식을 시작하게 되었다.

마찬가지로 매달 20만 원 정도를 미국 주식에 투자했다. 미국 주식은 환전할 때와 사고 팔 때 등 수수료를 국내에 비해 많이 내야 하기 때문에 한국 주식보다 더 유의해야 한다. 물론 나는 금액이 적고 자주 사고 팔지 않아서 수수료 부담은 거의 없는 편이다. 달러를 사 모으는 것으로 달러 대신 미국 주식을 사는 것이라고 생각하고 조금씩 미국 주식을 모으고 있다. 주식은 환경에 따라 변동 폭이 매우 크고 실시간 대응이 필요하기 때문에 나 같이 주식에 대해 잘 모르는 사람은 큰 금액으로 주식을 하면 무조건 필패라고 생각한다. 그래서 나는 매달 적금을 넣는다는 기분으로 망하지 않을 것 같으면서 배당금을 제법 주는 회사 주식을 조금씩 사 모은다. 나처럼 주식 투자를 하면 당장 큰 돈을 벌 수 있는 것은 아니다. 그래도 월급쟁이로서 언젠가 위기에 도움을 받을 수 있는 비빌 언덕이 될 수 있지는 않을까 한다.

부동산을 배우고 활용하는 법

개인적으로 나는 집 하나는 내 명의로 소유해야 한다고 생각한다. 그 외의 부동산 투자는 리스크가 크고 잘 모르는 분야이기 때문에 내가 여기에서 추천할 수는 없지만, 부동산에 관심 있는 분들은 꼼꼼하게 공부해보며 기회를 넓혀나가면 좋을 것 같다.

다만 내가 추천하는 것은 반드시 집 한 채는 자가로 소유하라는 것이다. 나는 시간이 지남에 따라 장기적으로 인플레이션 압력이 지속될 것이라고 생각한다. 매년 최저 시급도 올라가고 물가도 상승하기 때문에 장기적으로 집값도 우상향할 것이라고 생각한다. 물론 경제학자도 아니고 전문가도 아니라 맞는 생각일지 모르겠다. 하지만 역사적으로 부익부 빈익빈이 반복되었고, 사람들이 살고 싶어 하는 동네의 가구 수도 한정되어 있기 때문에 결국 그 가치에 대한 비용을 지불할 사람들은 계속 유지될 것이라고 생각한다. 그래서 일단 내 집 한 채를 마련하고, 이 집이 오르면 팔아 더 좋은 입지로 옮겨가는 등 부동산 투자를 꾸준히 반복하면서 부동산 자산을 늘려나가는 것을 추천한다. 왜냐하면 2억짜리 집을 2억 1,000만 원에만 팔아도 1,000만 원 남는 장사가 되기 때문에다. 월급쟁이가 1,000만 원 모으는 것은 어렵지만, 부동산이 1,000만 원 오르는 것은 쉽다. 부동산이 오를 때 내 집이 없다면 벼락거지가 될 뿐이다.

부동산은 언제나 변동을 겪어왔다. 2022년 9월을 기준으로, 신문 기사에서는 그간 가파르게 상승했던 부동산이 어느 정도 조정 국면에 접어들었음을 이야기하고 있다. 혹자는 '폭락'을 예견하기도 한다. 그러나 집값의 향방을 정확히 알 수 있는 사람은 없다. 그리고 집값이 아무리 하락하더라도 거주 목적인 내 집 한 채는 여전히 필요하다.

사실 나는 투자 전문가는 아니기 때문에 진짜 투자를 잘하기 위해서는 경제전문가들의 정보와 노하우를 공부하길 추천한다. 요즘은 유튜브나 경제 관련 방송을 쉽게 볼 수 있기 때문에 그런 곳에서 많이 듣고 배우면서 하나 하나 지식을 쌓아가다 보면 언젠가 기회를 잡을 수 있다.

정직하게 부자가 된 사람 인정하기

돈을 잘 벌고 부자인 사람을 질투하고 미워하고 깎아내리는 마음이 크다면, 내가 부자가 될 수 없다. 미워하는 대상이 내가 되는 게 말이 안 되기 때문이다. 개인이 부지런히 성실하게 노력하면서 돈을 많이 벌게 된 부자들은 축복해줄 가치가 있다. 합당한 노력의 대가이기 때문이다. 나 역시 기분 좋게 돈을 벌기 위해서는, 돈을 잘 버는 사람들을 인정해 주고 그 사람들이 어떻게 돈을 버는지를 보고 배워서 나도 돈을 잘 버는 인생으로 살아가야 한다. 다른 사람이 풍족하게 사는 것을 시기하고 질투하는 뒤틀린 마음으로는 돈이 따라오기 어렵다. 예를 들어 만약 간호사가 돈을 많이 버는 의사의 월급을 보면서 "의사가 하는 일을 보면 힘들어 보이지도 않는데 왜 돈을 많이 버나?"라고 하면서 의사 수입의 가치를 깎아내린다면, 누군가는 간호사의 수입 역시 가치 없게 판단해도 할 말이 없게 된다. 반면 열심히 공부해서 의대에 진학해 최선의 노력을 통해 의사가 되었고 환자들을 살리고 그 가치로 돈을 번다는 것을 인정한다면, 나의 노력도 가치를 부여받을 수 있게 된다.

투잡으로 재정을 확보하는 방법

간호사는 다른 직업에 비해 투잡할 수 있는 방법이 많다고 생각한다. 특히 야간전담간호사(N Keep)로 밤에만 일을 한다면 한 달에 최대 15일 정도만 근무할 수 있으니, 근무하지 않는 날이나 낮에는 충분히 투잡으로 시간을 활용할 수도 있다. 간호사가 할 수 있는 대표적인 투잡으로는 4가지 정도가 있다.

교육 강사

간호사는 간호조무사, 요양보호사, 간병인, 병원코디네이터 교육 과정의 강사가 될 수 있다. 또 안전교육강사, 성폭력예방강사 등 강사 교육을 받고 전문강사로 활동할 수도 있다. 특히 대한심폐소생협회에서 진행하는 심폐소생술 교육은 학교나 회사에서 필수 교육 과정으로 운영하고 있어 강사로 활동할 수 있는 기회가 많다. 강사는 시간 활용이 자유롭고 시간당 페이도 제법 괜찮은 편이어서 수업 시간만 늘리면 제2의 월급이 될 수도 있다.

블로그 운영

블로그에 응급처치법, 가정에서 쉽게 할 수 있는 건강관리 등 다양한 소재로 글을 올릴 수 있다. 요즘에는 간호학과에 대한 관심이 폭발적으로 늘어나고 있기 때문에, 간호학과에 다니면서 겪었던 학업과 병원 실습 이야기, 현재 부서에서 간호사로서 하는 일들을 포스팅하는 것도 조회수를 높이는 방법이 될 수 있다. 이렇게 간호사의 전문 지식이 뒷받침되면서 블로그 콘텐츠를 풍성하게 확장시킨다면 블로그 포스팅을 통한 수익을 기대할 수 있을 것이다.

재능 판매

오투잡, 크몽 등 재능거래/프리랜서 플랫폼에는 다양한 직군의 사람들이 모여 있다. 취미 활동을 연장하든, 간호사로 쌓은 지식 등을 활용하든 자신이 가진 재능을 판매할 궁리를 해서 수익을 창출할 수 있다. B간호사는 그림을 잘 그리는 재능이 있어 이를 활용해 병동 이야기를 만화로 그렸고, 이 만화를 본 출판사에서 연락이 와서 책을 출간해서 수익을 내고 있다. C간호사는 헬스 트레이너로 활동하고 있는데, 단순히 운동 방법만 가르치는 것이 아니라 간호학 지식과 결합해서 건강 관리 전문가로 활동하고 있다.

대학 겸임교수

시간강사에 대한 법(공식 명칭은 '고등교육법 개정안'이나 '강사법'으로 통칭된다)이 시행된 이후로 각 대학에서는 시간강사를 고용하는 것을 부담스러워한다. 강사에게 방학 중에 임금을 지급하고 4대 보험과 퇴직금을 보장하는 등 처우를 개선해야 해서 대학 입장에서는 인건비가 늘어나기 때문이다. 그래서 대학에서는 이에 대한 대안으로 4대 보험에 가입해 주지 않아도 되는 겸임교수를 늘리는 것을 선택했다. 겸임교수는 별도의 직장을 유지하고 있으면서 대학에 강의를 나갈 수 있다. 꼭 간호학 전공 석사가 아니어도 되기 때문에, 석사 학위가 있다면 주 1회 정도 시간을 내어 대학 강의를 하는 것을 추천한다.

모든 사람이 모두 투잡, 쓰리잡을 해야 하는 것은 아니다. 그러나 간호사들은 틈새 시간을 활용할 여지가 있어서 본인이 조금만 관심을 둔다면 잡의 영역을 확대하는 일이 다른 직군보다 수월하다. 틈새 시간을 이용해 다양한 취미 활동을 하는 간호사들도 많다. 이 역시 수익 창출을 위한 씨앗이 될 수 있다. 재정을 확보하는 데 특별한 비법은 없다. 내가 있는 자리에서 할 수 있는 투자, 내가 할 수 있는 일들을 내 주변에서 찾는 데서부터 출발해야 한다.

간호사가 건강해야 환자가 건강하다

환자도 기피하는 연약한 간호사

"의사가 제 병은 못 고친다", "중이 제 머리를 못 깎는다"는 말이 있다. 이처럼 타인의 문제는 해결할 수 있지만 내 문제를 해결하는 것은 쉬운 일이 아니다. 게임을 할 때 친구가 게임하는 것을 옆에서 보고 있으면 답답해서 참견하게 된다. 그러나 내가 직접 게임을 하게 되면 그 수가 잘 보이지 않는다. 간호사도 마찬가지다. 간호사는 환자의 건강 문제를 해결하는 해결사지만, 정작 본인들은 아파서 골골거린다.

내가 병원에서 근무할 때의 일이다. 환자들이 유난히 가기 꺼리는 간호사가 있었다. 이 사실을 알아차린 계기는 단순했다. 같이 근무하던 날 나는 다른 업무로 바빠서 정신이 없었고 A간호사는 스테이션에 앉아 있었는데, 환자들이 A간호사를 지나쳐 굳이 바빠서 정신없는 나에게 와서 이것저것 궁금한 것을 묻고 요청해 왔다. 정맥주사(IV line)가 잘 꽂혀 있는지 봐달라고 할 때도 마찬가지였다. 그래서 A간호사도 있는데 굳이 나에게 와서 살펴봐달라고 하는 이유가 궁금해 물었더니 환자가 말했다.

"저 간호사는 핏기가 하나도 없어서 환자인 나보다도 아파 보이는데, 어떻게 이거까지 해달라고 합니까? 정작 내가 더 챙겨줘야 할 것 같은데요."

이유 있는 환자의 답변이었다.

간호사가 건강해야 하는 이유

간호사도 사람인지라 아플 수 있지만, 아프기 전에 미리 예방하고 평소에 건강을 관리하는 습관을 들여야 한다. 특히 간호사가 더 건강해야 하는 이유는 근무 환경이 감염에 취약한 곳이기 때문이다.

최근에 흔히 있었던 사례를 예로 들어보자. "코로나 시국에 5명이 함께 밥을 먹었다. 다음 날 A가 코로나19에 감염된 것으로 나타났다. 그래서 함께 밥을 먹었던 4명이 코로나 검사를 했는데, 그중 2명은 코로나 양성 판정을 받았지만 2명은 멀쩡했다." 위와 같은 이야기를 듣기도 했고, 직접 경험한 이도 있을 것이다. 이유가 무엇이었을까? 똑같이 바이러스에 노출되었는데 어째서 누구는 감염이 되고 누구는 안 된 것일까? 그것은 바이러스에 노출이 되어도 충분히 면역력이 있는 사람과 면역력이 떨어져 있는 사람의 건강 상태가 달랐기 때문이다. 면역력은 외부에서 들어오는 바이러스와 세균에 대항할 수 있는 힘이다.

간호사는 교대 근무를 하는 직군이라 수면 시간이 불규칙하고, 아침에 출근할 때는 거의 꼭두새벽부터 업무를 시작하기 때문에 대개 아침밥을 거르기 일쑤다. 게다가 육체노동의 강도가 세서 퇴근 후 운동할 에너지도 부족한 편이다. 그러나 병원은 수많은 감염성 질환자가 치료받는 곳이고, 간호사는 이들을 직접 대면해 돌보게 된다.

만약 간호사가 면역력이 떨어져 감염성 환자에게 병을 옮게 되면 또 다른 환자에게 병을 옮기는 숙주가 된다. 따라서 간호사가 건강해야 환자가 건강할 수 있다. 간호사가 아프면 환자가 아프고, 이는 환자의 가족을 통해 다른 사회 구성원에게 전파될 수 있다. 간호사가 건강의 최전선에서 근무하는 사람이기 때문이다. 만약 몸살 기운이 있거나 감기 기운이 느껴지면 자신이 가장 먼저 자신의 몸 상태를 체크해서 충분히 대비해야 하는 이유가 여기에 있다.

건강 관리 꿀팁

현대인은 직장 생활 외에도 삶이 너무 바빠서 불규칙한 근무 일정을 소화해야 하는 간호사들에게 건강 관리는 사치일 수 있다. 하지만 건강을 잃으면 모든 것을 잃는다는 말은 예전에도 현재에도 여전히 유효하다. 건강을 지키기 위해 쉽게 실천할 수 있는 건강 관리법을 소개한다.

아침 식사 챙기기

아침 시간에 바쁘다는 이유로 식사를 거르는 사람들도 모닝커피는 빼먹으면 아쉬운지 커피로 아침을 시작한다. 커피의 주성분인 카페인은 혈뇌 장벽도 통과하기 때문에 뇌에 직접 작용해 뇌를 각성시키는 효과가 있다. 일종의 중추신경 자극제이므로, 이른 아침에 머리를 깨우기 위해 많은 사람들이 모닝커피를 한 잔 마신다.

카페인은 뇌를 각성하는 동시에 정상적인 장운동을 방해해서 소화기관에 영향을 주고 과도한 혈관 수축으로 심장 등에 무리를 줄 수 있다. 게다가 빈 속에 먹는 커피는 위산 분비를 증가시키고 위점막 염증을 유발하기 때문에 아침마다 꼬박꼬박 챙겨 먹으면 장기적으로 위염 발생 확률이 높아진다. 하지만 아예 커피를 안 먹을 수는 없으므로 그나마 카페인의 유해를 줄이기 위해서는 아침밥을 꼭 먹고 속을 든든히 채운 다음에 마실 것을 권한다. 게다가 아침밥은 뇌의 능률을 높여 집중력을 향상시키고 면역력 강화에도 좋다.

영양제 챙겨 먹기

박사 논문을 쓰던 시기, 나는 강의와 연구를 비롯해 학교 업무에 육아까지 하느라 끼니를 제때 챙겨 먹기는커녕 화장실에 갈 시간도 없을 정도로 바빴다. 심지어 화장실 가는 시간을 아끼기 위해 물조차 먹지 않았으니 당연히 운동하는 것도 사치였다. 눈 밑 다크서클이 짙어지고 피곤에 찌들어 있는 나를 걱정한 엄마가 영양제를 챙겨주시며 꼭 챙겨 먹으라고 했다. 그간 영양제를 먹어도 별 효과를 모르겠고 괜히 비싸기만 한 것 같다는 생각을 하고 있었지만, 내가 생각해도 몸 상태가 정상이 아닌 것 같아서 살기 위해 버텨야 한다는 심정으로 엄마가 챙겨준 영양제를 목숨 줄처럼 꼬박꼬박 먹었다.

한 달 정도 먹으니 기력이 보강되는 느낌이 들었다. 그동안은 건강에 문제가 없어서 영양제를 먹어도 크게 좋아지는 것을 느끼지 못했던 것이었고, 컨디션이 안 좋을 때 영양제를 챙겨 먹으니 확실히 체력이 붙는 것이 피부로 확 느껴졌다.

특히 요즘 젊은 사람들은 영양소를 골고루 고려해서 식단을 편성하기보다는 외식이나 간편식을 많이 이용하기 때문에 음식을 많이 먹기는 하지만, 음식을 통해 영양소를 균형 있게 섭취하기는 어려운 실정이다. 따라서 시중에 판매하는 영양제를 비싸다고만 생각하지 말고 비타민, 오메가3, 유산균 등 기본적인 영양제는 꼭 챙겨 먹으면서 음식으로 보강할 수 없는 영양소를 균형 있고 충분히 흡수시킬 수 있도록 하는 것이 좋다.

내가 할 수 있는 운동 찾아서 하기

나는 운동을 정말 못한다. 타고난 몸치여서 몸을 움직이는 것이 어색하고 그러다 보니 운동을 안 하게 된다. 가뜩이나 운동을 못하는 주제에 운동을 안 하기까지 하니 더욱 운동을 못하게 되고 그러니 또 운동을 안 하게 된다. 이렇게 악순환의 반복으로 나는 운동과 점점 멀어지는 삶을 살고 있었다.

그러다가 최근 몸이 점점 굳어지는 느낌이 들고, 자꾸 크고 작은 질병이 생기기도 해서 이대로는 안 되겠다 싶어서 운동을 시작하게 되었다. 평생 운동과 거리를 두며 살았던 내가 갑자기 무리한 운동을 하면 몸이 버텨낼 수 없어서 내가 할 수 있는 운동 그리고 가성비 가장 좋은 운동을 시작했다. 바로 '걷기'다. 걷기는 지구상에서 가장 오래되고 안전성도 확실하게 검증된 유산소 운동이다. 운동을 못하는 사람도 충분히 할 수 있는 운동이다.

항상 탄탄한 몸과 체력을 유지하는 친구가 있다. 그 친구는 고층 아파트 38층에 살고 있는데 아파트에 올라갈 때 엘리베이터를 전혀 타지 않고 매일 걸어서 올라간다. 그렇게라도 몸을 움직이면서 심폐 기능을 강화시키고, 별도로 시간을 내어 운동하지 않아도 꾸준히 운동 시간을 누적시킨다.

운동을 하다가 그만할까 봐 아예 시작도 안 할 필요는 없다. 운동은 누적된다. 내가 지금 5분이라도 뛰거나 줄넘기라도 한다면 그 5분이 내 몸에 새겨진다. 그렇게 인생에 걸쳐 운동 시간을 누적시킨다면 건강에 큰 도움이 될 것이다. 나이 들어서 근육이 빠지면 근육을 만들어내는 것은 정말 어려운 일이다. 젊었을 때 조금이라도 근육이 버티는 힘을 갖고 있을 때 근육을 탄탄하게 늘려보자.

무리한 다이어트 하지 않기

임신을 하기 위해 산부인과 치료를 받으면서 호르몬 약의 부작용으로 몸무게가 30킬로그램이 넘게 불어난 적이 있다. 갑자기 살이 찌니 예전 몸무게를 회복하지 못할 것 같은 두려움이 엄습해 왔다. 불안해서 다니던 병원에서 다이어트 약을 처방받았다. 일주일 정도 복용했더니 정수리에서부터 발바닥까지 온몸에서 땀이 나는데, 일상생활이 힘들 정도였다. 가만히 있어도 너무 덥고 몸에서 계속 땀을 발산하고 있으니, 화장을 해도 다 지워지고 손과 겨드랑이에도 땀이 흥건해서 오히려 스트레스를 더 받게 되었다. 결국 다이어트 약을 그만 먹었다. 그제야 다이어트 약에 엄청난 부작용이 있음을 뒤늦게 알게 되었다.

정신과에 젊은 여성 환자들이 늘고 있다. 다이어트 약물 부작용으로 정신과적 문제가 생겨서 치료를 받게 된 환자들이다. "다이어트 약으로 살 빼려다 되려 정신질환 걸린다"(〈마인드포스트〉, 2018. 8. 8.)라는 기사에서도 다이어트 약이 중추신경을 흥분시켜 불면증, 불안, 우울증 등 정신질환을 유발한다고 경고하고 있다.

몇 년 전에는 다이어트 약을 장기간 복용한 정신질환 환자가 약의 부작용으로 아파트에 불을 지른 사건도 있었다. 이는 다이어트 약의 폐해가 극단적으로 나타난 사례지만, 그간 다이어트 약이 정신과 질환을 유발한다는 내용은 수도 없이 보고되었고, 많은 의학 학술 논문에서도 식욕억제제의 부작용으로 환각, 환청, 피해망상, 우울, 자살충동 등의 정신증을 겪는 사례가 끊임없이 보고되고 있다. 그럼에도 많은 간호사들이 다이어트 약을 복용하는 경우가 많다. 살 찌는 것보다 차라리 정신병을 얻는 게 낫다고 생각하는 것이 아니라면, 다이어트 약은 정말 신중하게 접근하고 가급적이면 먹지 않는 것을 추천한다.

정신 건강 관리하기

정신 건강을 위해서는 먼저 몸이 건강해야 한다. 초등학교 3학년 때 우리 교실 정면에는 '건강한 신체에서 건강한 정신이 나온다'라는 급훈이 붙어 있었다. 그 당시에는 와닿지 않았지만, 다시 생각해봐도 참 맞는 말이라고 느낀다. 앞서 제시한 4가지 방법으로 신체를 건강하게 관리하다 보면 정신 건강에 도움이 된다. 사람이 아프면 무기력해지고 만사가 짜증이 나고 타인에게도 여유가 없어지기 때문에 정신적으로 예민해질 수밖에 없다.

또 인생을 넓게 보고 지금 당장에 연연하지 않는 것도 정신 건강을 관리하는 기본적인 방법이 될 수 있다. 자신의 인생 그래프를 그릴 때 직선으로 줄곧 상승하는 그래프를 그릴 수 있는 사람은 거의 없을 것이다. 누구나 오를 때가 있으면 내려갈 때도 있는 법이다. 그것이 인생이다. 지금 내가 마음이 찢어지고 고통 속에 있다면 내려가는 때인 것이다.

내려가면 반드시 오를 때가 온다. 오를 날을 기대하며 지금을 견뎌내고 맞서 싸우다 보면 점점 강해진다. 그리고 현재 맞이하는 좌절이 사소하게 느껴진다. 초등학생에게는 어려운 수학 문제가 중학생이 되면 쉬워지듯 말이다. 그렇게 성장하다 보면 인생에 맞서는 맷집이 강해지고 스스로 성숙한 자신을 볼 수 있게 될 것이다.

잘 쓰고 제대로 정리해야 두 번째 기회를 잡는다

실무를 뒷받침하는 보고서 능력은 필수다

학교에서 보고서 작성하라는 과제를 내면 입을 비쭉이는 학생들 표정이 멀리서부터 보인다. 공부할 양도 많고 이미 과제도 많은데 거기에 추가로 또 과제를 하라고 하니 과중한 학업량에 지쳐서 한숨이 나올 수밖에 없는 것이다. 게다가 시험 점수의 비중이 높아서 보고서는 아무리 잘 해서 제출해도 100점 만점에 10점 또는 많아야 20점 정도밖에 안 된다. 이마저도 기본 점수가 있다 보니 잘한 학생과 못한 학생의 점수 차이는 겨우 5점도 채 되지 않는다. 아무리 보고서를 잘 쓴다 하더라도 시험 잘 본 학생을 따라잡을 수 없어서 굳이 시간을 투자해서 왜 보고서를 작성해야 하나 하는 근본적인 의문까지 갖게 된다.

간호사는 환자에게 직접적인 '기술'을 제공해야 하는 사람이기 때문에 능숙한 실무는 기본이다. 그러면 실무를 연마해야지 왜 쓸데없이 보고서를 작성해야 하는지 이해할 수 없을 것이다. 보고서는 사무직 직장인이나 하는 것이 아닌가? 그러나 이는 눈앞의 것만 보느라 뒤따라올 일들은 예상하지 못하는 어리석은 생각이다. 흔히 학생들은 간호사는 실무가 뛰어나면 된다고 생각하지만, 실무는 기본이고 보고서는 실무를 뒷받침해 주는 1순위 역량이기 때문이다.

만년 액팅 업무만 할 생각이 아니라면

실무 간호 기술은 몇 달만 하면 누구나 동일한 수준에 오를 수 있다. 개인에 따라 차이가 있기 때문에 습득 속도가 다를지언정 최종 목표치에는 누구나 다다르는 것이다. 아무리 손이 느린 간호사라도 최소 2년 정도만 지나면 어느 정도 실무 업무는 꽤 잘하게 된다. 간호사가 환자들에게 직접적으로 실무를 제공하는 것을 '액팅(Acting)'이라고 하고, 이러한 간호사를 '액팅 간호사'라고 한다.

간호사는 만년 액팅 업무만 하지는 않는다. 어느 정도 경력이 쌓이면 '차지(Charge)' 업무를 보게 된다. 차지란 주로 스테이션에서 오더를 받고 차팅 등의 업무를 하는 것을 말한다. '차팅

(Charting)'이란 환자가 입원부터 퇴원까지의 기간까지 모든 기록(진료, 처치, 회진 등)을 관리하는 것을 말한다. 요즘에는 이 업무가 주로 컴퓨터로 이루어진다.

차지 간호사가 해야 할 업무를 정리해 액팅 간호사에게 지시하면, 액팅 간호사는 지시에 따라 액팅 업무를 하는 시스템이다. 물론 병원마다 액팅과 차지 업무가 분리되지 않는 곳도 있지만, 대체로 선배가 차지 업무를, 후배가 액팅 업무를 하는 것이 보편적이다. 그렇다면 액팅 간호사들도 언젠가 차지 업무를 하게 되고, 또 차지 간호사로서 역할을 잘 하는 간호사는 주임간호사, 책임간호사, 수간호사 등 관리자로 승진할 기회가 더 열려 있다고 봐야 한다. 관리자는 액팅 업무보다는 행정 업무를 더 많이 해야 하기 때문이다.

수간호사로 누군가 승진을 해야 한다면 누가 승진을 하겠는가? 학부 성적이 뛰어난 간호사? 액팅 업무를 누구보다 탁월하게 잘하는 간호사? 그럴 수도 있겠지만 이렇게 단편적인 한 부분으로 승진 여부가 결정되는 것이 아니다. 실력과 인품이 출중해야 하겠지만, 무엇보다 관리자로서 관리 행정 능력이 우수해야 승진할 수 있다.

행정 능력 중 하나인 보고서 작성 능력도 관리자에게 필수적인 요소다. 그런데 실무 중심의 간호사 사회에서 보고서 작성 능력을 별도로 습득하는 것은 쉽지 않다. 그렇다면 간호사들은 언제 어디서 보고서 작성 능력을 함양할 수 있을까? 결국 학부 시절에 과제로 제출하는 보고서 작성에 심혈을 기울이는 것들이 체득되어 문서 작성 실력으로 남게 된다.

또 많은 간호사들이 간절히 원하는 탈임상의 분야에서도 문서 작성 능력은 매우 중요하다. 보통 탈임상은 공무원, 교사, 공공기관(공단, 심평원 등), 회사 보건실, 교수, 연구원 등인데, 이러한 곳에서는 간호사의 액팅 업무보다 문서와 보고서를 작성해야 할 일이 더 많다. 따라서 간호사로서 승진을 원하든 병원 외의 다른 곳으로 취업을 원하든 문서 작성 능력은 꼭 필요하다.

우리 인생의 목적이 취업 자체가 아니기 때문에 결국 장기적으로 인생 플랜을 짜야 한다. 그렇다면 내가 어떠한 일을 하게 될지 모르기 때문에 문서 작성 능력을 반드시 갖춰야 한다. 요즘은 업무 대부분을 컴퓨터로 하기 때문에 컴퓨터 활용 능력도 중요하다. 그런데 그만큼 활용할 수 있는 프로그램도 많고 유튜브나 블로그를 통해서 배울 수 있는 방법도 무궁무진하므로 조금만 관심을 두면 문서 작성 능력을 충분히 키울 수 있다. 자신이 얼마나 관심을 갖고 시간을 투자하느냐에 달린 문제이기 때문에, 앞으로는 간호사가 실무 중심 직종이어서 타 직종에 비해 문서 작성 능력이 떨어진다고 한다면 단순한 핑계만 될 것이다.

보고서 작성 노하우

행정력을 키우고 보고서를 잘 쓰기 위해서는 다른 사람들의 우수한 보고서를 많이 보는 것이 도움이 된다. 또 아무리 내용이 좋아도 보고서 양식이 허접하면 내용의 신뢰도가 급격히 떨어지기 때문에 제법 괜찮은 보고서 양식이나 틀을 활용할 필요가 있다. 그런데 서식 자체를 개발하는 것은 컴퓨터 능력과 디자인 감각까지 모두 요구되기 때문에 아무리 컴퓨터를 잘하는 사람이더라도 서식을 개발하는 것은 어렵다. 따라서 개발된 서식이나 양식을 활용할 수 있도록 하는 것이 좋다. 다음은 보고서를 잘 쓰기 위한 몇 가지 조언이다.

인터넷의 무료 양식 활용

인터넷을 검색하면, 문서 작성 능력이 우수한 사람들이 올려놓은 수많은 양식들이 많다. 이 양식들을 다운받아서 내 PC에 저장해두고, 추후에 비슷한 종류의 문서를 작성할 때 그 양식에 내용만 입력해 작성한다. 이런 경우는 문서 디자인을 따로 할 필요가 없어서 시간이 절약되고 쉽고 빠르고 센스 있게 문서를 작성할 수 있다. 단, 인터넷에서 다운받은 자료를 활용할 때 반드시 저작권에 위배되지는 않는지를 검토해야 한다. 사진, 그림, 이모티콘, 그림문자는 아무리 작은 것이라도 저작권자의 허가가 필요한 경우가 많다. 따라서 저작권 여부를 확인할 수 없는 것이라면 사용하면 안 된다. 특히 요즘은 서체(글꼴)에 대해서도 저작권 주장을 많이 하기 때문에 서체도 무료로 배포가 가능한지 꼭 확인하고 사용해야 한다. 그렇지 않으면 낭패를 볼 수 있으니 꼭 명심하길 바란다.

디자인 플랫폼 활용

미리캔버스, 망고보드 등 한글 문서, PPT, 포스터, 카드뉴스 등 다양한 디자인을 무료로 지원하는 사이트가 있다. 이런 곳에 이미 제작된 디자인 포맷을 활용하면 세련된 보고서를 작성할 수 있다. 명함이나 개인 로고도 제작할 수 있어서 자신을 홍보하는 데 활용하는 것도 좋다.

엑셀 프로그램의 적극 활용

간호사들이 주로 필요한 업무 문서는 계량적인 것이 많다. 숫자나 그래프가 반복되어 사용할 내용도 많다. 이런 문서는 엑셀을 활용하면 쉽고 편하다. 특히 엑셀은 함수, 수식, 매크로, 메일머지 등을 활용해서 업무에 최적화된 문서를 구현할 수 있다. 그런데 공대생도 아니고 사무직 직장인도 아니면서 컴퓨터에 관심조차 없는 일반인들은 엑셀조차 어려운 것이 현실이다. 대다수 사람들은 직접 서식을 개발할 실력이 부족하다. 하지만 컴퓨터 잘하는 사람에게 부탁해 구현할 수는 있다. 요즘에는 재능 마켓을 통해서 컴퓨터 잘하는 사람들에게 쉽고 저렴하게 의뢰할 수 있으므로 엑셀로 문서 서식을 구현해달라고 의뢰해 활용하면, 앞으로 대대손손 편하게 문서 작업을 할 수 있다.

문서 프로그램의 단축키 활용

단축키만 몇 개 알아도 문서 작성 시간을 크게 줄일 수 있고 문서 디자인의 퀄리티가 높아진다. 단축키는 한글, 엑셀, 워드 등 문서 작업 프로그램 도움말 기능 메뉴에서 확인할 수 있고, 단축키를 외울 필요 없이 도움말에서 자신이 주로 사용할 만한 것들을 출력해 붙여놓고 사용하면 유용하다. 그 외에도 문서 작업 프로그램의 도움말을 잘 활용하면 별도의 컴퓨터 서적이 없어도 많은 기능을 쉽게 알고 쓸 수 있다.

문서 양식의 구성 및 체제

여태까지 보고서의 외형적인 부분을 강조했다면 이번에는 내용의 중요성에 대한 부분이다. 사실 간호사들은 내용을 정리하는 것에 비해 기술적으로 문서를 구현하는 것이 미흡하기 때문에 굳이 문서의 양식을 강조했다. 하지만 당연히 보고서의 핵심은 내용이다. 내용이 허접하면 아무리 세련되게 포장해도 가치가 없는 종잇조각에 불과하기 때문이다. 간호사들의 보고서를 보면 대개 두서없이 쭉 나열되어 있다. 산만할 정도로 요약 정리가 안 된 것이다. 이를 해결하는 것은 사실 어렵다. 요약 정리 능력은 하루 아침에 되는 부분이 아니다 보니, 보고서 내용을 하루 아침에 잘 쓰라고 지시한다는 것은 현실성이 없을 수도 있다.

짧은 시간에 이를 가능하게 할 수 있는 방법이 있다. 그것은 바로 목차를 먼저 구성하는 것이다. 일단 문장을 쓰기 전에 무엇을 어떤 순서로 쓸지 고민하고 정리한다. 그렇게 목차만 정확하게 나와도 내용은 절반 이상 쓴 것과 같다. 목차 없이 보고서를 쓰려고 하기 때문에 내용이 산으로 가고 산만하다. 따라서 먼저 서론, 본론, 결론으로 나누고 이 뼈대에 어느 내용을 포함할 것인지 고민하고 그 이후에 살을 붙이며 내용을 보강한다.

마지막에는 반드시 오타나 띄어쓰기를 확인한다. 오타가 많고 띄어쓰기가 엉망인 문서를 보게 되면, 내용과 작성자에 대한 신뢰도가 급락한다. 문서를 다 작성한 후에는 반드시 오타와 띄어쓰기를 점검하도록 한다.

솔직하고 긍정적으로 표현해야 성장한다

직장생활의 반은 인간관계다

사람들을 많이 만나는 직업을 갖다 보면 어쩔 수 없이 관계에서 오는 스트레스가 있다. 간호사는 환자, 보호자뿐 아니라 의사, 약사, 영양사, 방사선사, 임상병리사, 간호조무사, 요양보호사 등 수많은 직군의 인력과 함께 일하고, 함께 일하는 동료 간호사 수도 적은 편이 아니기 때문에 늘 인간관계에서 오는 스트레스가 있다. 이는 신규 간호사뿐 아니라 경력 간호사, 관리자인 수간호사도 마찬가지다. 사람들과의 관계에서 오는 스트레스가 아무리 크다고 하더라도 직장 생활을 하면서 인간관계를 맺지 않거나 담을 쌓고 인간관계를 터부시할 수는 없다. 즉, 인간이 사회에서 살아가면서 타인과 관계를 형성하는 것은 필연적이다.

성숙한 인간은 그 관계 안에서 자신의 감정을 잘 조절하고 부정적인 감정을 표출할 때도 지혜롭고 전략적으로 표현하지만, 감정 표현이 미숙한 사람은 본래의 감정과 드러나는 감정이 달라서 오해를 사기도 하고 지나치게 진솔하게 감정을 표현해서 눈총을 받기도 한다. 관계에서 비롯된 대부분의 문제들은 업무적으로 부족하거나 추구하는 가치관이 달라서 생긴 것이라기보다는, 사소한 것으로 감정이 상하고 그것이 확대되면서 걷잡을 수 없게 사이가 틀어지고 감정에 감정을 낳으면서 상처와 비난을 주고받으면서 발생하는 것이다.

감정을 능숙하게 관리하는 노하우

간호사도 어디까지나 사회 생활과 직장 생활의 연장선상에서 있는 직업군이다. 다만 이들이 만나야 하는 인간관계의 폭이 타 직업군보다 훨씬 다양하고 폭넓다는 게 큰 차이라면 차이다. 돌봄과 치료 모두 신경 써야 하는 간호사 업무에서 감정 관리가 제대로 되지 않는다면 환자에게 직접적으로 영향을 끼칠 수 있으므로, 간호사의 감정 관리는 매우 중요하고도 핵심적인 요소라고 할 수 있다. 간호사가 환자, 보호자에게 간호를 충실히 제공하면서 동료 간호사와 타 보건의료 인력들과 화합하며 잘 지내기 위해 감정을 다스리는 방법을 소개한다.

나의 감정을 솔직하게 파악하라

먼저 나의 감정 상태를 솔직하게 들여다볼 수 있어야 한다. 현재 감정을 부정하려고 하거나 외면하려고 하면 말투, 표정, 몸짓, 행동 등이 자연스럽지 않기 때문에 다른 사람들이 먼저 내 감정을 눈치채게 된다. 사람은 자신의 감정에 확신이 없는 상태에서 누군가가 나의 감정 상태를 알아채서 선수 치듯 이야기하면 당황해하고 불쾌해지기 마련이다. 자신도 외면하고 싶던 감정인데 타인으로부터 정곡이 찔렸기 때문이다.

이렇게 감정을 지적받으면 마음이 상하고 관계 속에서 상대방이 괜히 얄미워지기도 한다. 따라서 다른 사람이 내 감정을 먼저 알아차리기 전에 내가 내 감정을 올바르게 파악하고 적절하고 일관적으로 표현해야 한다. 누가 봐도 속상할 상황에서 괜찮다, 누가 봐도 슬픈 상황에서 행복하다고 표현하는 것은 나의 감정을 숨겨 다른 사람을 안심시키려는 의도와 달리 더욱 걱정을 낳게 할 수 있다.

아프면 아프다, 슬프면 슬프다, 기쁘면 기쁘다고 말할 수 있어야 한다. 솔직한 감정은 절대 부끄러운 것이 아니다. 만약 스스로 감정을 모르는 상태에서 인간관계를 맺게 되면 예기치 못했던 상황에 감정을 조절하지 못하고 격해져 인간관계에서 어려움이 생길 수 있다.

긍정적인 감정은 과하지 않게 표현하라

감정은 여러 가지가 있지만 크게 긍정적인 감정과 부정적인 감정으로 구분할 수 있다. 긍정적인 감정은 기쁨, 행복, 만족, 기대감, 흥분, 즐거움 등일 것이고, 부정적인 감정은 슬픔, 절망, 미안함, 비통함, 분노, 혐오, 공포 등일 것이다. 각각의 감정에도 정도의 차이가 있기 때문에 사실 감정은 셀 수 없을 만큼 많다. 예를 들어 기쁨이라고 한다면 살짝 기분이 좋은 상태에서부터 주체할 수 없을 만큼 황홀한 기쁨까지 미묘한 감정 상태를 수량화하기 어려울 정도로 엄청 많다.

내가 현재 느끼는 즐겁고 행복한 감정이 다른 사람도 같은 것은 아니다. 타인이 나의 감정을 공유할 만한 상태가 아닌 상황에서 내가 과하게 유쾌한 감정을 드러낸다면 오히려 거부감이 생기고 눈치 없는 사람으로 치부된다. 내가 지금 당장 참을 수 없을 만큼 행복하고 즐겁다고 하더라도, 과유불급이라는 말처럼 타인이 그 감정을 함께할 만한 상황이 아니라면, 감정선을 과하지 않고 세련되게 표현하는 것이 좋다.

부정적인 감정은 드러내기 전에 5초만 참는다

부정적인 감정은 최대한 표출하지 않는 것이 좋다. 분노와 짜증 같은 감정을 표출하는 사람을 보고 싶어 하는 사람은 없다. 또 우울하고 슬픈 감정도 지속되면 주변 사람들도 함께 힘들어

하기 때문에 부정적인 감정을 표현할 때도 조심스러워야 한다. 부모가 불안해하면 자녀들도 불안해하는 것처럼 본능적으로 사람들은 타인의 부정적인 감정에 불안감과 공포감을 느낀다. 옆에서 싸우는 사람들을 보고만 있어도 그 주변 공기마저 무겁고 나까지 기분이 안 좋아지는 경험을 많이 했을 것이다.

살면서 답답하고 짜증 나고 억울한 상황이 너무 많기 때문에 부정적인 감정이 안 생길 수는 없다. 그렇다고 그것을 매번 표출할 수는 없으니 내면에서 잘 삭히고 다스릴 필요가 있다. 부정적인 감정을 나의 내면에서 자제하면서 내가 감정을 지배하기 위해서는 시간이 필요하다. 딱 5초만 참는다. 마음속으로 1부터 5까지의 숫자만 세어도 격했던 감정이 살짝 풀어지게 되고, 그렇게 감정이 풀리면 버럭 소리 지르려고 했던 일도 조금은 참아진다. 5초가 나를 현명하고 성숙한 사람으로 보이게 하기도 하고, 참을성 없고 분노 조절에 어려움이 있는 사람으로 보이게도 한다.

감정을 해소하라

타인과의 관계 안에서 화합하고 분위기를 긍정적으로 만들기 위해 나의 감정을 참고 표현하지 않는 것이 지나치거나 오래되면 내면의 공허함이 커질 수 있다. 따라서 평온하지 않은 상황에서 생성되는 극단적인 감정은 해소해야 한다. 참을 수 없는 슬픔을 억지로 참거나, 기쁨과 행복을 아무렇지도 않은 일처럼 넘어

간다면 감정이 해소되지 않아 또 다른 내면의 문제가 생길 수 있다. 따라서 자신만의 감정 해소법이 필요하다.

부정적인 감정이 들 때는 소리 내어 엉엉 울거나, 소리를 지르거나, 크게 음악을 듣거나, 운동을 하거나 하는 것이 도움이 될 수 있다. 자신만의 해소법을 찾아서 그때그때 부정적인 감정을 해결할 필요가 있다. 긍정적인 감정은 함께 즐거움을 공유할 만한 사람과 충분히 나누고 기뻐한다.

감정을 잘 조절하는 사람이 성숙한 사람이다

감정 관리에 대한 몇 가지 방법을 제시했지만, 사실 감정 관리를 잘 한다는 것은 쉬운 일이 아니다. 하지만 시간이 흐르고 훈련을 하면 충분히 가능하다. 직장에서 인정받는 사람은 일 잘하는 사람일지 모르겠지만, 오랫동안 함께하고 싶은 사람은 인격적으로 성숙한 사람이다.

아무리 유능해도 어린아이처럼 자신의 감정을 다 드러내고 솔직함이라는 표현으로 무례함을 포장하는 사람보다 묵묵하고 뚝심 있게 늘 그대로 유지하는 사람이 결국 사람들이 신뢰하는 사람이다. 관계 안에서 지혜롭고 믿을 만한 사람이 되기 위해서 내 감정을 스스로 잘 조절하자.

5장

예비 간호사와 현직 간호사를 위한 Q&A

예비 간호대학생을 위한 질문과 대답

Q1. 문과에서 간호학과를 갈 수 있을까요?

일반계 고등학교 문과 학생입니다. 이과가 아니라 간호학과에 가서 잘 따라갈 수 있을지 걱정입니다. 문과 학생이 간호학과에 가도 잘할 수 있을까요?

A. 물론입니다.

우리나라 학과 분류상 간호학과가 자연계열에 있기는 하지만 간호사는 인간을 다루는 직업이고 인간에 대한 이해가 필수적입니다. 이과적 성향을 갖고 있는 간호사가 과학적이고 이론적인 간호학을 발전시킨다면, 문과적 성향을 갖고 있는 간호사는 따뜻함으로 환자를 보살필 수 있습니다. 많은 간호사와 간호대학생들이 문과 출신이고 학업 성적에서도 이과 출신과 차이가 없습니다. 또 특성화 고등학교나 검정고시 출신이라도 좋은 간호사가 될 수 있습니다. 자신의 강점을 간호와 결합한다면 더 좋은 간호를 제공할 수 있습니다. 예를 들어 예능의 끼가 많은 사람이 간호사가 된다면 환자들을 위한 레크리에이션 프로그램을 운영할 수 있고, 컴퓨터를 잘하는 사람이 간호사가 된다면 환자들을 위한 프로그램을 개발할 수도 있습니다. 고등학교 때까지 했던 공부와 상관없이 의지와 실력만 있다면 누구나 유능한 간호사가 될 수 있습니다.

Q2. 나이가 많은데 간호사가 될 수 있을까요?

30대 간호조무사입니다. 어릴 때부터 간호사가 되고 싶었는데, 사정이 있어 다른 전공으로 대학을 졸업했습니다. 그래도 나이팅게일의 꿈을 포기하지 못해 간호학원에 다녀 간호조무사가 되었는데, 간호조무사로 병원에서 일을 하다 보니 더더욱 간호사가 되고 싶다는 생각이 듭니다. 그런데 공부량도 많은 간호학과의 학업을 따라갈 수 있을지, 학비를 그만큼 투자할 가치가 있을지 등 현실적인 문제가 고민입니다.

A. 생각보다 많은 사람들이 30세가 넘어서 간호학과에 옵니다.

예전에 수시 면접관으로 참여했을 때 52세의 간호조무사가 간호학과에 진학하고 싶어서 면접을 보러 온 적이 있었습니다. 제가 왜 간호사가 되고 싶냐고 물었더니, 자신이 일하는 병원에 함께 일하는 간호사의 나이가 75세였는데, 그분을 보면서 지금 대학을 졸업하고 간호사가 돼도 최소 20년은 간호사로 일을 더 할 수 있겠다는 생각이 들어 용기를 냈다고 했습니다. 이렇게 50대에 진학해 졸업하고 간호사가 된 사람도 많습니다.

세계에서 가장 훌륭한 간호사로 손꼽히는 나이팅게일도 어린 시절부터 간호사의 꿈을 가졌지만 가족의 반대로 31세에 간호학을 공부하고 33세에 간호사가 되었습니다. 10대 후반부터 이미 성인으로 인정받던 19세기 시대에 33세의 나이에 간호사가 되었으니 한참 늦은 것이지요. 그럼에도 간호사가 되기 전 20대 시절부터 쌓아왔던 간호사의 자질로 인해 굉장히 빨리 두각을 나타내고 세계 역사에 길이 남을 위인이 되었습니다.

실제로 50대에 딸과 함께 간호학과에 입학해 장학금도 받으면서 간호학 공부를 하는 사람들도 많습니다. 나이보다 중요한 것은 좋은 간호사가 되겠다는 마음과 의지, 각오와 추진력입니다. 할 수 있다는 자신감으로 도전한다면 나이와 상관없이 다른 사람들을 돕는 좋은 간호사가 될 수 있습니다.

Q3. 간호학과를 가고 싶은데 어느 대학에 진학하는 것이 좋을까요?

고등학교 3학년 학생입니다. 간호학과 3곳에 합격되었는데 어디를 가야 할지 모르겠습니다. 합격된 곳은 집에서 가깝고 역사가 오래되었지만 전문대학인 간호학과, 집에서 2시간 정도 떨어져 있지만 자대병원이 있는 4년제 사립대 간호학과, 집에서 3시간 정도 떨어져 있는 4년제 국립대 간호학과, 이렇게 세 곳입니다. 국립대 간호학과는 학비가 저렴하지만 자대병원이 없고 집에서 너무 멀다는 점이, 자대병원이 있는 간호학과는 학비가 비싸고 멀다는 점이, 집에서 가까운 곳은 전문대학이라는 점이 마음에 걸립니다. 어떻게 결정하는 것이 좋을까요?

A. 대학과 상관없이 간호사로서 역량을 충분히 발휘할 수 있습니다.

간호학과는 전문대학에 있다고 하더라도 4년제 학사과정이기 때문에 전문대학 간호학과를 졸업해도 4년제 대학과 차이가 없습니다. 다만 사람들이 말하는 대학 네임 밸류(이름값)라는 차이는 있겠지요. 하지만 학벌의 차이가 가장 없는 직업군 중 하나가 간호사라고 생각합니다. 전문대학이냐 4년제 대학이냐에 대해서는 병원 취업에서나 간호사로서의 성공 여부에 큰 영향을 미치지 않습니다. 대학과 상관없이 본인의 역량에 따라서 얼마든지 간호사로서 성공할 수 있고 간호사로서 원하는 삶을 살아갈 수 있습니다. 이것을 전제에 두고 말씀드리겠습니다.

사실 성적이 좋다면 무조건 인서울에 자대병원이 있는 4년제 대학에 진학하는 것이 가장 좋겠지요. 그다음에는 수도권에 자대병원이 있는 4년제 대학입니다. 그러나 수도권에 진학이 어려운 개인적인 사정이 있을 수 있으니 그다음 고려해볼 것은 지방에 소재한 국립대나 자대병원이 있는 사립대라고 볼 수 있겠습니다. 그러나 여기까지의 대학들은 성적이 꽤 높아야 하기 때문에 내신 관리나 수능 점수가 저조한 경우에는 힘들 수 있습니다. 그렇다면 집에서 가까운 대학이 좋습니다. 생활비를 절약하면서 안정적으로 학업에 정진할 수 있다는 장점이 큽니다. 아무래도 가족들에게 심리적 지지도 받고 통학 시간도 단축할 수 있다는 것 때문인지 집에서 통학하는 학생들이 학교 성적도 우수한 경우가 많습니다.

물론 대학만큼은 집에서 멀리 가고 싶어 하는 학생들도 있죠. 이럴 때는 역사와 전통이 오래된 곳, 그래서 간호사 선배들이 많이 배출된 곳이 좋습니다. 역사 깊은 학교는 교육 커리큘럼이 탄탄하고 안정적인 임상 실습이 가능하고, 동문회 규모도 커서 간호사가 된 이후의 진로에서 선배들의 도움을 받을 수 있습니다.

또는 역사가 짧더라도 교수들이 열정이 많고 교육 과정이 체계적인 곳, 대학에서 간호학과에 투자를 많이 해줘서 실습실이 우수하거나 자격증을 지원해 주는 곳, 의료기관 체험, 취업설명회, 졸업생 또는 산업체 전문가 특강 등 전문성 있는 특화 프로그램을 운영하는 곳 등이 고려해볼 학교라고 생각합니다.

한편 초·중·고 보건교사가 꿈이라면 반드시 보건교사 자격증을 취득할 수 있는 교직 이수를 시행하고 있는 대학으로 진학해야 합니다. 교직 이수 인원은 교육부 방침에 따라 변동이 있고 교직 이수 과정을 운영했다가 폐지하는 학교도 있으니 입학 전에 학교에 문의해서 교직 이수가 가능한지, 교직 이수 가능 인원이 몇 명인지 확인한 후 진학하기 바랍니다.

참고로 교직 이수는 전체 입학생이 가능한 것이 아니라 소수의 인원(간호학과 정원 내 5~10% 정도로 10명 이하로 선발하는 경우가 많음)만 가능하므로 교직 이수를 하려고 진학했지만 못하게 되는 경우도 있으니 보건교사가 반드시 되고 싶은 경우가 아니라면 교직 이수 여부로 대학 진학을 결정하는 것은 추천하지 않습니다.(참고: 2021년 기준 전국 간호학과 신입생 정원 22,168명 중 교직 이수 선발자는 906명으로 전국 간호학과 신입생 대비 4.09%임)

대부분의 학교에서 교직 이수자를 선발하는 기준은 1학년 성적, 인적성 검사 점수, 면접 등이며, 학교마다 기준은 약간씩 차이가 있습니다. 최신 기준(2021년 12월) 보건교사 교직이수 가능 대학 리스트입니다. 참고하시기 바랍니다.

Tip

보건교사 교직 이수 가능 대학

- 서울: 가톨릭대, 경희대, 고려대, 삼육대, 삼육보건대, 서울대, 서울여자간호대, 성신여대, 연세대, 이화여대, 중앙대, 한양대
- 부산: 고신대, 대동대, 동아대, 동의대, 신라대, 인제대
- 대구: 경북대, 계명대, 대구가톨릭대, 대구과학대, 대구보건대, 수성대, 영남이공대
- 인천: 가천대, 경인여대
- 광주: 광주보건대, 광주여대, 기독간호대, 남부대, 동강대, 서영대, 송원대, 전남대, 조선대, 조선간호대, 호남대
- 대전: 국군간호사관학교, 건양대, 대전대, 대전과학기술대, 대전보건대, 충남대
- 울산: 울산대, 울산과학대, 춘해보건대
- 경기: 경복대, 동남보건대, 수원여대, 아주대, 안산대, 차의과학대
- 강원: 가톨릭관동대, 강릉영동대, 강릉원주대, 강원대(춘천), 경동대, 상지대, 연세대(원주), 한림대
- 충북: 강동대, 건국대, 세명대, 유원대, 한국교통대
- 충남: 공주대, 남서울대, 단국대, 순천향대, 중부대, 호서대
- 전북: 군산간호대, 전북대, 예수대, 우석대, 원광대, 원광보건대, 전북과학대, 군산대(2023년 개설), 호원대(2023년 개설)
- 전남: 동신대, 목포가톨릭대, 목포과학대, 전남과학대, 청암대, 초당대
- 경북: 가톨릭상지대, 경북과학대, 경북보건대, 경북전문대, 경운대, 대경대, 대구한의대, 동국대, 문경대, 서라벌대, 선린대, 안동과학대, 호산대
- 경남: 경남도립거창대, 경상국립대, 마산대, 부산대, 진주보건대
- 제주: 제주대, 제주한라대

간호학과 재학생들을 위한 질문과 대답

Q1. 어느 병원에 취업을 해야 할까요?

현재 간호학과 4학년에 재학 중인 졸업예정자입니다. 취업을 하려고 하는데 어느 병원에 가야 할지 고민입니다. 어떻게 저와 맞는 병원을 고를 수 있을까요?

A. 우선 희망하는 병원에 대해 알아보는 것이 좋습니다.

요즘은 대부분의 병원에서 홈페이지를 운영하고 있습니다. 병원 홈페이지 외에 간호부 홈페이지를 따로 운영하고 있는 병원들도 있습니다. 홈페이지에는 병원의 철학, 비전 등이 제시되어 있습니다. 그 내용만 잘 읽어봐도 나의 성향과 병원의 비전이 잘 부합하는지 알 수 있습니다. 홈페이지를 보면 왠지 마음이 끌리는 병원이 있거든요. 또 요즘에는 병원에서 유튜브나 SNS를 운영하고 있기도 하는데, 그런 채널들을 통해서도 나의 성향과 부합하는지 확인할 수 있습니다. 너스케입(www.nurscape.net) 같은 사이트에서 병원 후기들을 참고할 수도 있고, 주변 간호사들에게 직접 병원 분위기를 물어서 참고할 수도 있습니다.

또 나의 가치관을 분명히 하면서 병원을 선택하면 도움이 됩니다. 병원의 규모 및 위치가 중요한지, 아니면 돈이나 성장이 중요한지, 이런 기준들에 따라서도 결정이 달라질 수 있습니다.

몇 년 전에 4학년 학생이 취업을 앞두고 병원 두 곳에 합격했는데 어디를 가는 것이 좋겠냐면서 상담을 요청해온 적이 있었습니다. A병원은 지방에 있긴 하지만 상급종합병원으로 규모가 크고 간호사로서 경험을 쌓기 유리한 곳이었고, B병원은 수도권에 있지만 상급종합병원이 아닌 종합병원으로 A병원에 비해 급여도 적고 시설도 낙후되었습니다. 병원만 놓고 보면 당연히 A병원에 입사하는 것이 맞지만, 그 학생의 집은 B병원과 가까웠고 A병원에 입사하면 자취를 하거나 병원 기숙사에 입주해야 하는 상황이었습니다.

특히 A병원이 있는 지역은 수도권과 거리 차이가 많이 나서 차로 3시간이 넘게 걸리기 때문에 근무하면서 본가에 다녀가는 것도 쉽지 않은 위치였습니다. 가족과 떨어져 지내더라도 많은 월급과 함께 간호사로서의 성장에 가치를 두고 경력을 우선할 것인지, 아니면 급여와 경력은 조금 아쉽지만 가족과 가까이에 지내면서 안정적으로 살 것인지에 따라 결정이 달라집니다. 본인의 인생 가치관을 충분히 고려해서 결정하면 좋고, 잘 모르겠을 때는 선배나 교수에게 상담을 해보는 것도 도움이 됩니다.

Q2. 간호학과 4학년 학생입니다. 취업 준비를 어떻게 해야 할까요?

간호학과 4학년에 재학 중인 학생입니다. 대학 입학 후에 정신없이 학교만 다닌 것 같은데 아무런 준비 없이 4학년을 맞이하게 되었습니다. 친구들은 벌써 원하는 병원에 면접을 보러 다니고 몇몇에게서 합격 소식도 들리고 하니 마음이 조급해집니다. 그런데 뭘 어떻게 시작을 해야 할까요? 막막하기만 합니다.

A. 꼭 졸업 전에 합격해야겠다는 조급함을 버리길 바랍니다.

졸업 후에 더 많은 기회가 있습니다. 그래도 경험상 4학년 때 5군데 정도는 원서를 써보는 것을 추천드립니다. 물론 5군데 전부 다 떨어질 수도 있습니다. 떨어지는 것에 연연하지 않아야 합니다. 제 지도학생 중 한 학생은 1학년 때부터 집에서 가까운 상급종합병원을 꼭 가고 싶다고 했는데, 4학년 때 서류도 통과하지 못했습니다. 그런데 기졸자로 지원해 합격했습니다. 기졸자 지원 시 자기소개서에서 오히려 작년에 떨어진 것을 강조해서 꼭 오고 싶은 병원이라 작년에 떨어졌음에도 또 지원했다는 것을 부각시켰습니다. 그러니 한 번 떨어졌다고 포기하지 말고 원서를 써봐야 합니다. 입사 서류 작성에도 큰 노력이 필요하기 때문에 서류를 작성해보지 않고는 기졸자 채용에서도 좋은 결과가 나오기 힘들기 때문입니다.

성공적인 취업을 위한 기본적인 6단계가 있습니다. 1단계로는 일단 가고 싶은 병원 리스트를 먼저 작성하기 바랍니다. 1학기 중에 공채가 나오는 병원도 있기 때문에 최대한 빨리 이 작업을 진행해야 유리합니다. 지원할 병원을 늦게 정하게 되면 상반기 공채 지원을 놓칠 수 있다는 것을 꼭 명심하기 바랍니다.

2단계로 그중에서 5~10곳을 추려서 합격 정보를 알아보기 바랍니다. 교수, 선배, 동기들에게 물어보거나 인터넷의 간호사 커뮤니티를 활용해서 그 병원에서 원하는 인재상에 대해 최대한 자료를 수집하면 됩니다.

3단계로 입사 지원을 할 최종 5군데 병원을 정해서 전년도 입사 서류 서식과 지원 자격, 채용 일정, 필요 서류 등을 확인해 미리 준비를 합니다. 물론 입사 기준이 전년도와 달라지는 내용도 있겠지만, 대부분 큰 변화 없이 전년도 기준에 의거해 신규 간호사를 선발하게 됩니다. 따라서 양식을 미리 확인해서 어떤 내용으로 어느 정도 분량을 채울지 미리 준비하고 있어야 합니다.

4단계로 이력서와 자기소개서를 작성합니다. 최대한 작성할 수 있을 만큼 작성을 해봅니다. 그 외에도 나의 장점, 대내외 활동, 특기, 관심사 등을 정리해둡니다. 특히 여기서 학생들이 많이 하는 실수가 병원 명칭을 틀리게 쓴다는 것입니다. 병원명에는 오타가 있어서는 안 됩니다. 또 정식 명칭을 써야 합니다. 예를 들어 '서울아산병원'을 '아산서울병원'이라고 쓴다든지, '원주세브란스기독병원'을 '연세대 원주병원'이라고 쓰면 절대 안 됩니다. 정확한 병원명은 홈페이지 병원 소개에서 확인할 수 있습니다. 또 병원명을 헷갈려서 A병원을 지원하는 서류에 B병원에 대한 내용을 쓰는 경우도 있는데, 이런 경우는 합격을 기대하기 어렵습니다. 반드시 어느 병원에 지원하는 서류인지 꼼꼼히 확인하기 바랍니다. 또 전체적으로 오타나 문맥의 흐름이 자연스러운지 검토하시기 바랍니다.

5단계로 이력서와 자기소개서 첨삭을 받습니다. 각 대학에는 학생들의 취업을 지원하는 부서가 있습니다. 거기서 이력서 및 자기소개서에 대한 첨삭과 피드백을 제공합니다. 비용도 무료이기 때문에 반드시 이용해서 매끄러운 서류가 되도록 준비하기 바랍니다. 또 취업 지원 부서에서는 취업 상담, 취업 설명회, 취업 박람회, 취업 캠프 등의 프로그램도 진행하고 있기 때문에 관심을 갖고 참여하면 큰 도움을 받을 수 있습니다.

6단계로 자신만의 면접 노트를 만듭니다. 자기소개, 지원동기 등 필수 질문이 있습니다. 이러한 예상 질문을 뽑고 답변할 내용을 미리 적어둡니다. 각 질문에 대해 5~10줄 정도 작성하고 억지로 암기할 것이 아니라 자동으로 말이 나올 수 있도록 틈틈이 보면서 내용을 수정하고 보완해나갑니다.

Q3. 취업에 도움 되는 자격증이나 대외 활동은 어떤 것이 있을까요?

아직은 1학년인 간호학과 학생입니다. 선배들의 이야기를 들어보니 전국에 간호학과 학생 수가 점점 늘어나서 저희가 졸업할 때는 취업 경쟁이 더 심해질 것이라고 들었습니다. 학과 공부 외에도 취업에 도움이 될 만한 자격증이나 대외 활동이 있을까요?

A. 자신의 장점을 보여주는 것이 더 중요합니다.

학생 수가 아무리 많아져도 병원에서는 병원에 필요한 간호사들을 뽑으려고 하고 정책 차원에서도 간호사가 필요한 기관이 점점 늘어나고 있기 때문에 몇 년 후에 간호사 채용 시장이 위축될 점을 염려하지 않아도 될 것 같습니다.

이력서가 화려하다고 해서 무조건 좋은 것은 아닙니다. 자격증과 대외 활동을 화려하게 포장하려고 애쓰기보다 진솔한 나의 삶을 기술하면서 장점을 보여주는 것이 더 중요합니다. 학생으로서 학교 생활을 충실히 하면서 학교와 가정에서 묵묵하게 자리를 지키는 사람이었다는 것을 증명할 수 있다면 좋겠습니다.

별것 아니라고 생각할 수 있겠지만, 결석이나 지각을 한 번도 하지 않은 것도 큰 장점입니다. 이를 입사 서류에서 잘 보이게 구성하면 좋습니다.

첫째, 충실성을 증명하기 위해서 가장 유용한 것은 교내에서 진행하는 공모전입니다. 교외 활동들은 시간과 돈이 많이 드는 경우가 많은데, 교내 활동은 학교에서 진행되고 재학생만 참여할 수 있기 때문에 시간과 돈을 절약하면서 좋은 성과를 낼 수 있는 기회입니다. 전국의 모든 대학에서는 재학생 대상 공모전이나 각종 대회를 개최하고 있습니다. 참여해 수상하면 상장뿐 아니라 상금까지 받을 수 있습니다. 물론 상을 받지 않았다고 하더라도 참여한 것을 사진으로 찍고 기록해두면 그 자체로도 학교 생활을 충실히 했다는 증명자료로 사용할 수 있습니다.

특히 전문대학에 재학하는 학생들은 더 유리한데, 전문대학의 타 전공은 대개 2년제이기 때문에 학생들이 입학하고 바로 다음해 졸업 학년이 되면서 취업을 준비하느라 학교 대회에 참여하는 것이 쉽지 않습니다. 반면 간호학과 학생들은 4년간 학교 생활을 하기 때문에 유리한 조건에서 교내 실적을 쌓을 수 있으므로 교내 활동을 적극적으로 할 것을 추천합니다. 인생을 살면서 대학교 총장상 한 번 받기 어렵고, 이를 받을 수 있는 기회는 대학교 재학 시절이 유일할 것입니다. 이러한 점을 기억해서 교내 공모전을 잘 활용해 실적을 쌓는다면 자기소개서에 빈칸을 채우는 영양가 가득한 한 줄이 될 수 있습니다.

둘째, 교내외 동아리 활동입니다. 간호학과 학생들이 활동하는 동아리는 봉사동아리, 대한적십자사(RCY), 학술동아리, 취미 동아리(운동, 음악 등) 등이 있습니다. 동아리 활동을 하면서 경험한 다양한 활동에 대한 누적된 실적을 입사지원서에 작성할 수 있고, 동아리에서 임원을 맡았다면 더 풍성한 입사지원서가 될 수 있습니다. 임상 실습과 이론 수업으로 인해 여유 시간이 없는 간호학과의 실정상 가급적이면 대학 생활과 병행할 수 있는 교내 동아리 활동을 하는 것이 여러모로 유리하지만, 꼭 하고 싶은 외부 동아리 활동이 있다면 이 역시 추천합니다. 대학생 시절에만 할 수 있는 활동은 대학을 졸업하고 직장인이 되면 참여할 기회가 없습니다. 따라서 다양한 사람들과 교류하면서 시야를 넓힐 수 있는 외부 활동을 하는 것은 사람을 대하는 간호사에게 도움되는 소양입니다.

셋째, 학교에 따라서 해외병원 인턴십이나 국내병원 견학 프로그램이 있습니다. 이 역시 도움이 됩니다.

넷째, 취업에 도움이 되는 자격증으로는 심폐소생술 자격증(BLS, KALS, ACLS)이 있습니다. 심폐소생술 자격증의 내용이 간호사 직무와 매우 밀접하기 때문에 심폐소생술 자격증이 있다는 것은, 지원자가 간호사에 대한 꿈이 진심이라는 것과 간호 업무를 잘 할 수 있겠다는 인상을 줄 수 있습니다. BLS 교육센터가 있는 대학을 다니는 경우는 학교에서 일괄 자격 과정을 진행하기 때문에 BLS 자격증을 쉽게 취득합니다.

따라서 많은 간호대학생들이 BLS 자격증은 기본적으로 취득합니다. 거기에 보태서 KALS, ACLS 자격을 취득한다면 더욱 도움이 될 것입니다. 자신의 대학에 BLS 교육센터가 없다면 BLS 자격증이라도 개인적으로 취득하는 것이 좋습니다. 간호대학생의 기본 자격증으로 불리고 있을 만큼 많은 학생들이 BLS 자격증을 갖고 있는데, 본인이 없다면 상대적으로 경쟁력이 떨어져 보일 수 있기 때문입니다.

다섯째, 컴퓨터 활용 능력 자격증도 도움이 됩니다. 모든 분야에서 컴퓨터 활용 능력은 필수적입니다. 자기소개서에서 컴퓨터를 잘한다고 소개해도 객관적인 자격증이 없으면 증명이 안 되기 때문에 컴퓨터 관련 자격증이 있으면 좋습니다. 여섯째, 영어 점수를 반영하는 병원에서는 공인영어 성적이 반드시 있어야 합니다. 하지만 영어를 보지 않는 병원에서는 필수가 아니므로, 어느 병원에 지원할 것인지 생각하고 이에 맞게 준비하면 됩니다.

Q4. 서울에 있는 대학병원에 가고 싶은데 성적이 너무 안 좋습니다.

현재 간호학과 3학년에 재학 중인 학생입니다. 학점 관리를 잘하지 못해서 성적이 좋지 않습니다. 성적이 나쁘면 대학병원 취업은 어렵다는 이야기를 들었습니다. 그렇다면 저는 평생 대학병원에서 일하지 못하나요? 이럴 줄 알았으면 학점 관리를 더 열심히 할 걸 후회가 됩니다.

A. 성적이 우수한 학생들에게 더 많은 기회가 있다는 것은 분명한 사실입니다.

그렇다고 해도 성적이 좋지 않은 학생들이 대학병원에 취업을 못한다는 이야기는 아닙니다. 성적이 좋지 않아도 대학병원에 입사하는 사례가 많고, 충분히 가능합니다. 병원에서는 성적만으로 간호사를 선발하지 않습니다. 성적을 보는 이유는 공부 잘하는 학생을 뽑기 위해서가 아니라 성적이 좋다는 것이 그만큼 성실하게 학교 생활을 수행한 것으로 평가할 수 있기 때문입니다. 따라서 성실함과 우수함을 성적 대신 다른 것으로 대체해 증명할 수 있다면 좋은 평가를 받을 수도 있습니다.

즉, 성적 외에도 병원에서 원하는 역량과 인성을 갖췄다고 한다면 충분히 선발될 수도 있다는 것입니다. 다만 스펙이 비슷한 수준이라면 성적 좋은 학생이 선발되는 것은 어쩔 수 없습니다. 요새는 블라인드 채용, 자체 시험 등을 통해 선발 시 공정을 기하려는 병원이 많아지고 있습니다. 이러한 병원은 아예 어느 대학인지도 따지지 않고 성적에 가중치도 많이 크지 않으므로, 도전해볼 가치가 있습니다. 성적이 아쉽다면 성적을 뛰어넘을 만한 나만의 무기를 잘 만들기 바랍니다. 또 병원에서 간호사를 채용할 때는 신규 공채 선발도 있지만 경력직 수시 채용도 있습니다. 만약 신규 공채에서 대학병원 입사에 실패했다고 해도 포기하지 말기 바랍니다. 경력직을 뽑을 때는 성적이 큰 영향을 미치지 않기 때문에 먼저 종합병원에 입사한 후 대학병원으로 경력직으로 이직을 하면 대학병원에 취업할 수 있습니다.

Q5. 영어를 못하는데 토익 공부를 꼭 해야 할까요?

간호학과 학생입니다. 영어를 정말 못합니다. 아무리 영어 공부를 해도 토익 점수가 오르지 않고 제자리입니다. 차라리 토익 공부할 시간에 학과 공부와 다른 대외 활동에 매진하고 싶다는 생각이 듭니다. 그런데 토익 점수가 없으면 대학병원 취업을 못한다는 이야기를 들어서 고민이 됩니다. 아무리 학점이 좋아도 토익 점수가 없으면 좋은 병원에 취업은 불가능한가요?

A. 영어 점수에 대해서 말씀드리겠습니다.

소위 Big 5 병원이라고 하는 대형병원에서는 최소한의 영어 실력을 요구해서 토익, 토플, 텝스 등의 영어 점수가 몇 점 이상이 되어야 지원 자격이 충족됩니다.

이 외에도 이런 식으로 최소 영어 점수를 기준으로 제시하는 병원들이 있습니다. 이는 각 병원의 채용 공고에서 확인할 수 있습니다. 이렇게 영어 점수가 필요한 병원에 입사를 희망한다면 무슨 일이 있어도 영어 공부를 열심히 해서 우수한 성적을 받아야 합니다. 반면에 대부분의 병원에서는 영어 점수에 대한 기준을 제시하지 않고 공인영어 성적을 제출만 하라고 하거나 필수적으로 영어 성적을 제출하지 않아도 입사 지원을 할 수 있고, 대신 '공인영어 성적 우수자 우대'라는 식으로 요건이 나와 있기도 합니다. 또 반드시 영어 점수를 요구하지 않는 병원도 꽤 많기 때문에 토익 점수가 굉장히 낮거나 심지어 점수가 없는 학생이 대학병원에 입사하는 경우도 제법 있다는 것을 기억하기 바랍니다.

Tip 2023 상급종합병원 신규 간호사 공개 채용 영어 기준

| 공인영어성적 점수가 있어야만 신규 간호사 채용에 지원할 수 있는 병원 |

번호	병원명	영어 점수 필수 기준				
		TOEIC	TOEFL iBT	New TEPS	OPIc	TOEIC Speaking
1	분당서울대학교병원	750점 이상	–	285점 이상	–	–
2	삼성서울병원	730점 이상	83점 이상	278점 이상	IM2등급 이상	Lv 6 이상
3	서울아산병원	700점 이상	80점 이상	265점 이상	–	–
4	연세대학교 세브란스병원	700점 이상	79점 이상	–	IM1등급 이상	120점 이상
5	연세대학교 강남세브란스병원					
6	가톨릭대학교 서울성모병원	620점 이상	65점 이상	283점 이상	IL등급 이상	Lv 5 이상
7	이화여자대학교 목동병원					
8	충남대학교병원	600점 이상	68점 이상	227점 이상	–	Lv 5 110점 이상
9	충북대학교병원	600점 이상	–	–	–	IL등급 이상
10	전북대학교병원	600점 이상	68점 이상	258점 이상	–	–
11	전남대학교병원	400점 이상	40점 이상	167점 이상	–	–

* 병원에서 제시하고 있는 성적 이상의 점수가 있어야만 채용에 지원할 수 있다.

번호	병원명
1	강북삼성병원
2	서울대학교병원
3	순천향대학교 부천병원
4	고려대학교 안암병원
5	고려대학교 구로병원
6	고려대학교 안산병원

* 별도로 제시하는 커트라인은 없지만 반드시 공인영어성적을 제출해야 한다.

| 공인영어성적 점수가 없어도 신규 간호사 채용에 지원할 수 있는 병원 |

번호	병원명	우대 점수 기준				
		TOEIC	TOEFL iBT	New TEPS	OPIc	TOEIC Speaking
1	단국대학교병원	850점 이상	–	–	–	–
2	아주대학교병원	600점 이상	68점 이상	227점 이상	IM1등급 이상	110점 이상
3	가톨릭대학교 인천성모병원	별도의 우대 점수 기준은 없으며, 어학성적 우수자 우대함으로 제시되어 있음				
4	건국대학교병원					
5	중앙대학교병원					
6	한림대학교 성심병원					
7	한양대학교병원					

* 공인어학시험 성적표가 필수 사항은 아니나 어학성적 우수자를 우대한다.

번호	병원명
1	경희대학교병원
2	순천향대학교 천안병원
3	연세대학교 원주세브란스기독병원
4	인하대학교병원

* 공인어학시험 성적 소지자에 한해서만 성적표를 제출하고 성적표가 없으면 제출하지 않아도 무방하다.

번호	병원명
1	가천대학교 길병원
2	강릉아산병원
3	원광대학교병원

* 공인영어성적 제출하지 않아도 된다.

현직 간호사들을 위한 질문과 대답

Q1. 종합병원에서 1년 이상 근무한 경력이 없습니다. 경력을 망친 것 같은데 회복할 수 있을까요?

간호학과를 졸업한 지 6년 차 되는 간호사입니다. 대학을 졸업하면서 서울에 있는 상급종합병원에 입사했다가 한 달 만에 적응하지 못하고 퇴사하게 되었습니다. 그 이후 집 근처 종합병원에 입사했지만, 여기서도 태움이 심해 견디지 못하고 7개월 만에 퇴사를 선택했습니다. 종합병원은 안 맞는 것 같다는 생각에 노인병원에 입사해 3년이 지났는데, 상급종합병원에서 경력을 잘 쌓으면서 돈도 많이 버는 친구들을 보니 후회가 됩니다. 1년만 참아볼 걸 왜 그렇게 두려워했는지, 아쉬움이 많이 남습니다. 다시 종합병원에 가고 싶지만, 신규로 다시 시작할 자신이 없고 이미 경력을 망친 것 같아 속상하기만 합니다.

A. 아직 포기하지 않았다면 실패하지 않았습니다.

지금부터라도 차분하게 경력을 잘 쌓아나가면 됩니다. 앞으로 남은 인생은 훨씬 더 긴데, 벌써 포기하기에는 남은 시간이 아깝습니다. 그만둔 것을 두려워하지 마십시오. 한 번 실패한 것을 의식하지 마십시오.

저도 어릴 때는 남들보다 늦어지는 것이 인생에서 뒤처지는 것이라고 생각한 적이 있었습니다. 그래서 남들보다 비교적 박사 학위도 빨리 취득했고 어린 나이에 전임교수도 되었습니다. 교수로 근무하면서 놀랐던 것은 생각보다 많은 교수님들이 타 전공을 하고 뒤늦게 간호사가 되었다는 사실이었습니다. 대학에서 타 전공 공부를 하고, 간호학과에 뒤늦게 입학해 간호사로서 임상 경력을 쌓고, 그 이후에 대학원 석사와 박사 과정을 진행했다는 것은 제 기준에서는 많이 늦은 것이었습니다.

그러나 그 분들은 그 시간만큼 인생의 경험치를 쌓았기 때문에 제가 아무리 노력해도 얻을 수 없었던 뛰어난 역량을 갖고 있었습니다. 그분들을 보면서 저는 다른 사람의 시선을 의식해 빨리 달리고자 했던 저의 고정관념을 깨게 되었습니다. 모두가 알고 있지만 간과하는 점이 있습니다. 그것은 속도보다는 방향이 중요하다는 것입니다. 좋은 간호사가 되기 위해 올바른 방향으로 나아간다면 속도가 조금 늦다고 해도 언젠가 분명 좋은 간호사로 우뚝 서 있을 것입니다.

우수한 병원에서 뛰어난 간호사로 인정받고 있는 간호사 중에도 처음에는 그 병원 간호사가 아니었고 경력직으로 이직해 자리매김한 분들이 많습니다. 지금의 병원에서의 성장이 아쉽다면 내가 원하는 병원으로 이직해서 시작해도 충분히 가능합니다. 당연히 많은 간호사들이 처음에 입사한 병원에 머물지 않고 있으며, 그렇다고 해서 실패한 것이 아니라는 것을 반드시 기억하시길 바랍니다. 이직을 하면서 나에게 더 맞는 병원을 찾을 수 있습니다. 첫 병원에서 간호사로 버텨내지 못했다고 해서 좋은 간호사가 아니고 스스로 실패한 간호사라는 낙인을 찍지 않길 바랍니다. 나의 자존감은 내가 만드는 것입니다.

지도학생 중에 간호사 국가시험에 떨어진 학생 A가 있었습니다. 성적이 나쁜 편도 아니었는데, 그날 컨디션이 좋지 않아서 안타깝게 불합격하게 되었습니다. 보통 국시에 떨어지면 2월에 열리는 졸업식에는 오지 않는데, 그 학생은 졸업식에 환하게 웃으면서 그동안 교수님께 감사해서 마지막으로 인사드리고 싶었다고 와서 함께 사진을 찍고 그동안 다녔던 학교에서의 생활을 마무리하는 모습을 봤습니다. 절망적이고 어찌 보면 부끄러울 수 있는 상황에서도 스스로 숨지 않고 당당하게 멋있게 졸업식을 누리며 친구들과 추억을 남기는 모습을 바라보면서 저는 마음속으로 A학생은 정말 누구보다 좋은 간호사가 될 것이라고 생각했습니다. 제 예상대로 A학생은 지금 환자들에게 자신이 가진 사랑을 나눠주고, 동료들에게는 긍정적이고 밝은 에너지를 나눠주는 간호사로 성장하고 있습니다.

또 이직하지 않고 내가 다니는 병원에서 가치를 창조해 인정받는 길도 있습니다. B간호사는 규모는 작지만 한 병원에서 오래 일하면서 승진을 거듭해서 간호부뿐 아니라 병원 전반을 관리하는 병원 이사로 근무하고 있습니다. 성실성과 능력을 인정받아 지역사회에서도 정치권, 여성계, 보건의료계 등에서 위원회와 자문 등 여러 가지 활동을 활발하게 하고 있습니다. 무조건 큰 종합병원 간호사가 되는 것으로 간호사의 성공 여부를 판단하지 말고, 나에게 맞는 곳에서 스스로의 길을 개척해나가길 바랍니다.

Q2. 탈임상하고 싶은데, 사람들 의견이 각각 다릅니다. 탈임상하면 더 행복하게 살 수 있을까요?

종합병원에 근무 중인 4년 차 간호사입니다. 3교대를 하면서 건강이 많이 상하는 것 같다고 느끼고 있습니다. 3교대도 안 하고 싶고, 반복되는 병원 일이 지겹기도 합니다. 그래서 임상이 아닌 상근으로 근무할 수 있는 곳을 알아보고 있는데, 주위에서 탈임상은 그저 환상일 뿐이라는 이야기도 많이 하시더라고요.

탈임상을 어떻게 생각하시나요?

A. 제가 탈임상의 대표적인 간호사라고 할 수 있겠습니다.

저는 대한간호협회, 대학에서 근무하면서 많은 시간을 임상이 아닌 곳에서 근무를 했습니다. 다양한 경험을 통해 많은 간호사들을 보면서 느낀 것은 사람들이 간호사의 꽃은 임상(병원)이라고 하는 데는 이유가 있다는 것입니다. 간호사의 수많은 진로 중 병원 간호사를 최고라고 하는 이유는 여러 가지가 있지만, 크게 2가지 점을 꼽자면 조직이 커서 파워가 세다는 점과 돈을 많이 벌 수 있다는 것입니다.

병원 조직에는 다양한 인력들이 일하고 있지만, 그중에서 간호사 인원이 가장 많습니다. 또 간호사가 없으면 병원은 운영할 수 없기 때문에, 간호사들의 의견을 함부로 무시할 수 없고 간호부서의 파워도 적지 않습니다. 그러나 그 외의 분야에서는 간호사가 소수 집단에 해당되기 때문에 승진이 어렵거나 직원 복지에서 배제될 수도 있습니다. 또 간호사가 교대 근무를 하지 않고 상근으로 근무하면 그만큼 수입이 줄어들기 때문에 병원에서 받는 보수보다 한참 적은 보수를 받을 수도 있다는 점을 기억하길 바랍니다.

그럼에도 많은 간호사들이 탈임상을 꿈꾸는 것은 교대 근무를 하지 않아 다른 직장인들처럼 휴일에 쉬고 주간에도 출퇴근 시간이 정해져 규칙적으로 생활할 수 있다는 점에 큰 매력을 느끼기 때문입니다. 상근이 가능한 탈임상 분야로는 산업 간호사(기업 보건관리자), 보건 교사, 대학 교수, 간호직 공무원, 국민건강보험공단 및 건강보험심사평가원, 질병관리청 등 정부 기관, 정신건강복지센터, 치매안심센터 등 무수히 많습니다. 무수히 많은 만큼 각각의 처우도 굉장히 다릅니다. 예를 들어 산업 간호사라고 다 같은 조건에서 일하는 것이 아니라 회사 규모(대기업인지, 중소기업인지), 부서 규모(혼자 일하는지, 여럿이 함께 근무하는지), 회사 업종, 회사 철학 등에 따라 근무 여건이 천차만별입니다. 따라서 임상(병원)이 싫으니까 탈임상을 가야겠다고 하면 실패할 가능성이 많습니다.

본인의 적성과 미래 계획, 직군의 발전가능성 등을 충분히 고민하고, 꼭 하고 싶고 이루고 싶은 일이 있다고 한다면 그 직군을 위해 노력해서 탈임상을 하길 추천드립니다. 단순히 탈임상만이 목표라면 지금부터라도 여러 가지 분야의 정보를 찾아보고 실제로 간호사들이 근무하는 현장을 방문하거나 근무자와 인터뷰를 해서 무슨 일을 하는지 확인한 후에 도전해야 후회와 실패가 없는 삶을 살 수 있습니다.

Q3. 대학원에 진학하려고 합니다. 어디를 가야 할까요?

대학원을 가려고 알아보니 간호사들이 진학하는 대학원과 전공 종류가 제가 생각했던 것보다 많더라고요. 이왕 시간과 학비를 투자하는 만큼 제대로 배우고 제 자신을 성장시킬 수 있는 곳을 가고 싶은데요. 어느 대학원을 가야 하나요?

A. 대학원 과정은 시간과 비용이 상당히 많이 들어갑니다.

먼저 시간에 대해서 말씀드리면 대학원 수업은 거의 주 1~2회로 알려져 있어서, 일주일에 하루나 이틀 정도 시간을 할애하면 충분히 해낼 것 같다는 생각이 듭니다. 하지만 주 1회 수업을 하더라도 수업 외의 학술대회, 심포지엄, 연구 및 논문작성 등의 시간이 추가로 더 필요합니다. 과제도 만만치 않아 자료를 찾고 발표를 준비하고 보고서를 작성하는 데 밤을 새야 하는 일도 빈번하게 있습니다. 그 중간에 개인이나 가정의 대소사가 생긴다면 휴학을 하게 될 수도 있고, 직장 일이 많아진다면 병행하는 것이 어려운 것이 현실입니다.

비용에 대해서는 일반적으로 학부생 때보다 학비가 더 비싼 것으로 생각하면 됩니다. 일반대학원 기준으로 간호사들이 많이 진학하는 몇몇 서울 지역 대학원의 2021년 등록금을 살펴보면, 한 학기에 대략 서울대학교 387만 원, 이화여자대학교 596만 원, 경희대학교 597만 원, 중앙대학교 599만 원, 고려대학교 611만 원,

한양대학교 626만 원, 연세대학교 628만 원 등입니다. 이는 일반적인 대학원의 등록금이며, 간호학과는 아마 조금 더 비쌀 것으로 예상됩니다.

첫 학기에는 입학금도 100만 원 정도 내야 하므로 비용이 더 많이 들게 되고, 졸업까지는 최소 2~3년이고 그 이상의 시간도 많이 소요되므로, 결코 만만치 않은 비용입니다. 순수 학비 외에도 교재비, 연구비, 학술대회 참가비, 논문 투고 및 게재비 등 더 많은 지출이 나가는 것은 물론 학비도 해마다 오르고 있으므로 이에 대한 비용도 감안해야 합니다.

이렇게 시간과 비용이 엄청 나간다는 사실을 강조하는 이유는 시작도 하기 전에 포기하라는 뜻이 아니라 반드시 대학원 공부를 해야겠다는 목표 없이 남들 다 하니까 나도 해볼까 하는 마음으로는 시작하지 않아야 한다는 것을 말씀드리기 위한 것입니다. 반드시 대학원을 통해서만 얻을 수 있는 내 인생의 목표가 분명해야 그 시간과 비용을 즐겁게 감당할 수 있고, 그렇지 않다면 힘든 대학원 과정 내내 후회만 가득할 것입니다.

그러므로 어느 대학원을 가겠다는 생각에 앞서 나는 왜 대학원을 가야 하는가에 대한 생각을 분명하게 정리하는 것이 매우 중요합니다. 대학원을 진학하려는 이유가 분명히 있다고 하면, 그 다음은 대학원의 종류와 장단점을 알고 가야 합니다. 예를 들어 간호학과 교수가 되는 것이 꿈이어서 대학원 진학을 하겠다고 한다면 일반대학원 간호학과를 진학하는 것이 유리합니다. 그런데 간호학과 교수가 꿈이라고 하면서 특수대학원 중 하나인 부동산대학원이나 예술대학원에 진학해 공부한다면 시간과 비용은 비슷하게 투자하지만 경쟁력에서는 부족할 수 있습니다. 반드시 자신이 하고자 하는 목적과 부합하는 대학원을 선택해 진학하기를 추천드립니다. 대학원은 일반대학원, 특수대학원, 전문대학원 등 크게 3가지로 나눌 수 있습니다.

첫째, 일반대학원은 학문을 목표로 진학하는 곳이며 일반대학원에는 많은 전공이 개설되어 있습니다. 일반대학원은 줄여서 대학원이라고만 표기해도 무방합니다. 'A대학교 일반대학원 간호학과 간호학 전공' 또는 'A대학교 대학원 간호학과 간호학 전공'이라는 식으로 써 있다면 일반대학원이라고 보면 됩니다.

둘째, 특수대학원은 간호대학원, 보건대학원, 경영대학원, 행정대학원, 교육대학원, 사회복지대학원 등이 있고, 주로 직업인 또는 일반 성인을 위한 '계속교육(재교육)'을 주된 교육 목적으로 하는 대학원입니다. 즉, 해당 분야에 종사하고 있는 사람들의 경력 개발과 전문성 강화가 궁극적인 목적이어서, 주간에 수업이 이루어지는 일반대학원과 달리 수업을 주로 야간, 주말, 사이버 등으로 운영하는 경우가 많습니다.

또 논문을 필수적으로 요구하지 않는 경우도 있어서 직장 생활과 병행하면서 과정을 다니는 것은 유리하지만 일반적으로 교수나 학자가 될 수 있는 트랙은 아니어서 연구직이나 학자를 원한다면 특수대학원 진학은 대체로 추천하지 않는 편입니다. 단, 간호사의 경우는 전문간호사 과정이 특수대학원에 개설된 경우도 있기 때문에 전문간호사가 되기 위해서라면 간호대학원이나 보건대학원 등의 특수대학원으로 진학해야 합니다(부록 '전문간호사 교육기관 현황' 참고).

셋째, 전문대학원은 전문 직업 분야의 인력 양성을 목적으로 합니다. 의학전문대학원, 치의학전문대학원, 법학전문대학원 등이 있으며 의사, 치과의사, 법조인을 양성하는 것이 목적입니다. 보통 간호사로서 간호 업무에 관한 학문을 위해서라면 전문대학에 진학할 일은 거의 없다고 보면 됩니다.

우리나라에는 일반대학원 185곳, 특수대학원 760곳 등 전문대학원을 제외하고도 1,000개 정도의 대학원 과정이 있으므로 반드시 각 대학원의 커리큘럼과 교수진, 특장점을 꼼꼼히 비교 분석하고 대학원 과정에 진학하기를 바랍니다.

부록

알아두면 좋은 간호 관련 리스트

전국 간호학과 현황

우리나라에 있는 간호학과 리스트를 정리했다. 순서는 가나다순으로 정부 행정안전부 지방자치단체 표기 순서를 따랐으며, 총 200개의 간호학과가 운영되고 있다. 2022년 기준으로 총 입학 정원은 22,168명이며, 정원 외 인원은 제외된 숫자다.

지역	대학명	설립유형	입학정원(명)	교직여부
서울특별시(15개 / 1,339명)				
종로구	서울대학교 간호대학	국립	63	○
성동구	한양대학교 간호대학	사립	39	○
동대문구	경희대학교 간호과학대학	사립	85	○
	삼육보건대학교 간호학부	사립	112	○
중랑구	서일대학교 간호학과	사립	95	–
성북구	고려대학교 간호대학	사립	60	○
	성신여자대학교 간호대학	사립	88	○
노원구	삼육대학교 간호대학	사립	69	○

지역	대학명	설립유형	입학정원(명)	교직여부
노원구	한국성서대학교 간호학과	사립	45	—
서대문구	서울여자간호대학교	사립	168	○
	연세대학교 간호대학	사립	73	○
	이화여자대학교 간호대학	사립	78	○
강서구	강서대학교 간호학과	사립	44	—
동작구	중앙대학교 적십자간호대학	사립	240	○
서초구	가톨릭대학교 간호대학	사립	80	○
부산광역시(16개 / 1,655명)				
서구	고신대학교 간호대학	사립	120	○
	동아대학교 간호학부	사립	105	○
부산진구	동의과학대학교 간호학과	사립	122	—
	동의대학교 간호학과	사립	110	○
	부산여자대학교 간호학과	사립	150	—
	인제대학교 간호대학	사립	95	○
남구	경성대학교 간호학과	사립	50	—
	동명대학교 간호학과	사립	60	—
	부경대학교 간호학과	국립	40	—
북구	부산과학기술대학교 간호학과	사립	111	—
사하구	동주대학교 간호학과	사립	114	—
금정구	대동대학교 간호학부	사립	210	○
	부산가톨릭대학교 간호대학	사립	115	—
사상구	경남정보대학교 간호학과	사립	123	—
	신라대학교 간호학과	사립	50	○
	동서대학교 간호학과	사립	80	—
대구광역시(10개 / 1,426명)				
중구	경북대학교 간호대학	국립	110	○
남구	대구가톨릭대학교 간호대학	사립	125	○
	대구대학교 간호대학	사립	120	—
	영남이공대학교 간호대학	사립	160	○
북구	대구과학대학교 간호대학	사립	230	○
	대구보건대학교 간호대학	사립	184	○
	영진전문대학교 간호학과	사립	96	—
수성구	수성대학교 간호대학	사립	134	○
달서구	계명대학교 간호대학	사립	140	○
	계명문화대학교 간호학과	사립	127	—

지역	대학명	설립유형	입학정원(명)	교직여부
인천광역시(5개 / 590명)				
동구	인천재능대학교 간호학과	사립	65	—
연수구	가천대학교 간호대학	사립	255	○
	인천가톨릭대학교 간호대학	사립	40	—
계양구	경인여자대학교 간호학과	사립	150	○
미추홀구	인하대학교 간호학과	사립	80	—
광주광역시(12개 / 1,736명)				
동구	전남대학교 간호대학	국립	88	○
	조선간호대학교	사립	139	○
	조선대학교 간호학과	사립	80	○
남구	광주대학교 간호학과	사립	200	—
	기독간호대학교	사립	111	○
	송원대학교 간호학과	사립	124	○
북구	동강대학교 간호학과	사립	165	○
	서영대학교 간호학과	사립	191	○
광산구	광주보건대학교 간호학과	사립	137	○
	광주여자대학교 간호학과	사립	141	○
	남부대학교 간호학과	사립	200	○
	호남대학교 간호학과	사립	160	○
대전광역시(10개 / 980명)				
동구	대전대학교 간호학과	사립	85	○
	대전보건대학교 간호학과	사립	100	○
	우송대학교 간호학과	사립	65	—
	우송정보대학 간호학과	사립	60	—
중구	충남대학교 간호대학	국립	90	○
서구	건양대학교 간호대학	사립	160	○
	대전과학기술대학교 간호학과	사립	200	○
	배재대학교 간호학과	사립	70	—
유성구	국군간호사관학교	국립	90	○
대덕구	한남대학교 간호학과	사립	60	—
울산광역시(3개 / 469명)				
남구	울산대학교 간호학과	사립	99	○
동구	울산과학대학교 간호학부	사립	140	○
울주군	춘해보건대학교 간호학과	사립	230	○
경기도(22개 / 2,169명)				

지역	대학명	설립유형	입학정원(명)	교직여부
수원시	동남보건대학교 간호학과	사립	134	○
	수원여자대학교 간호학과	사립	167	○
	아주대학교 간호대학	사립	70	○
성남시	을지대학교 간호대학(성남캠퍼스)	사립	80	—
의정부시	경민대학교 간호학과	사립	102	—
	을지대학교 간호대학(의정부캠퍼스)	사립	84	—
부천시	부천대학교 간호학과	사립	93	—
평택시	국제대학교 간호학과	사립	40	—
	평택대학교 간호학과	사립	25	—
동두천시	신한대학교 간호대학	사립	90	—
안산시	안산대학교 간호학과	사립	177	○
남양주시	경복대학교 간호대학	사립	313	○
군포시	한세대학교 간호학과	사립	40	—
용인시	용인예술과학대학교 간호학과	사립	80	—
안성시	두원공과대학교 간호학과	사립	120	—
화성시	수원과학대학교 간호학과	사립	107	—
	수원대학교 간호학과	사립	41	—
	화성의과학대학교 간호학과	사립	40	—
양주시	서정대학교 간호학과	사립	125	—
포천시	대진대학교 간호학과	사립	65	—
	차의과학대학교 간호학과	사립	70	○
여주시	여주대학교 간호학부	사립	106	—
강원도(14개 / 1,445명)				
춘천시	강원대학교 간호대학(춘천캠퍼스)	국립	85	○
	송곡대학교 간호학과	사립	74	—
	한림대학교 간호대학	사립	105	○
	한림성심대학교 간호학과	사립	128	—
원주시	강릉원주대학교 간호학과	국립	75	○
	경동대학교 간호대학	사립	355	○
	상지대학교 간호학과	사립	60	○
	연세대학교 원주간호대학	사립	50	○
강릉시	가톨릭관동대학교 간호학과	사립	100	○
	강릉영동대학교 간호학부	사립	150	○
태백시	강원관광대학교 간호학과	사립	98	—
삼척시	강원대학교 간호학과(도계캠퍼스)	국립	65	—

지역	대학명	설립유형	입학정원(명)	교직여부
횡성군	송호대학교 간호학과	사립	50	–
영월군	세경대학교 간호학과	사립	50	–
충청북도(13개 / 1,146명)				
충주시	건국대학교 간호학과	사립	76	○
제천시	대원대학교 간호학과	사립	131	–
	세명대학교 간호학과	사립	100	○
청주시	가톨릭꽃동네대학교 간호학과	사립	78	–
	청주대학교 간호학과	사립	95	–
	충북대학교 간호학과	국립	60	–
	충북보건과학대학교 간호학과	사립	87	–
	충청대학교 간호학과	사립	134	–
영동군	유원대학교 간호학과	사립	60	○
괴산군	중원대학교 간호학과	사립	98	–
음성군	강동대학교 간호학과	사립	98	○
	극동대학교 간호학과	사립	71	–
증평군	한국교통대학교 간호학과	국립	58	○
충청남도(15개 / 1,349명)				
천안시	나사렛대학교 간호학과	사립	45	–
	남서울대학교 간호학과	사립	57	○
	단국대학교 간호대학	사립	112	○
	백석대학교 간호학과	사립	140	–
	백석문화대학교 간호학과	사립	160	–
	상명대학교 간호학과	사립	62	–
	순천향대학교 간호학과	사립	65	○
공주시	공주대학교 간호학과	국립	64	○
아산시	선문대학교 간호학과	사립	57	–
	호서대학교 간호학과	사립	50	○
서산시	한서대학교 간호학과	사립	75	–
당진시	신성대학교 간호학부	사립	135	–
금산군	중부대학교 간호학과	사립	95	○
홍성군	청운대학교 간호학과	사립	80	–
	혜전대학교 간호학과	사립	152	–
전라북도(13개 / 1,424명)				
전주시	예수대학교 간호학부	사립	115	○
	전북대학교 간호대학	국립	100	○

지역	대학명	설립유형	입학정원(명)	교직여부
전주시	전주대학교 간호학과	사립	60	—
	전주비전대학교 간호학부	사립	105	—
군산시	국립군산대학교 간호학과	국립	40	○
	군산간호대학교	사립	221	○
	군장대학교 간호학부	사립	89	—
	호원대학교 간호학과	사립	73	○
익산시	원광대학교 간호학과	사립	130	○
	원광보건대학교 간호학과	사립	178	○
정읍시	전북과학대학교 간호학과	사립	121	○
완주군	우석대학교 간호대학	사립	140	○
	한일장신대학교 간호학과	사립	52	—
전라남도(12개 / 1,450명)				
목포시	목포가톨릭대학교 간호학과	사립	90	○
	목포과학대학교 간호학과	사립	148	○
여수시	한영대학교 간호학과	사립	73	—
순천시	순천대학교 간호학과	국립	60	—
	순천제일대학교 간호학과	사립	69	—
	청암대학교 간호학과	사립	200	○
나주시	동신대학교 간호학과	사립	135	○
곡성군	전남과학대학교 간호학과	사립	199	○
영암군	동아보건대학교 간호학과	사립	151	—
	세한대학교 간호학과	사립	80	—
무안군	목포대학교 간호학과	국립	60	—
	초당대학교 간호학과	사립	185	○
경상북도(22개 / 2,924명)				
포항시	선린대학교 간호학과	사립	220	○
	포항대학교 간호학과	사립	92	—
경주시	경주대학교 간호학과	사립	40	—
	동국대학교 간호대학	사립	85	○
	서라벌대학교 간호학과	사립	60	○
	위덕대학교 간호학과	사립	125	—
김천시	경북보건대학교 간호학과	사립	235	○
	김천대학교 간호학과	사립	105	—
안동시	가톨릭상지대학교 간호학과	사립	175	○

지역	대학명	설립유형	입학정원(명)	교직여부
안동시	안동과학대학교 간호학과	사립	216	○
	안동대학교 간호학과	국립	50	—
구미시	경운대학교 간호학과	사립	180	○
	구미대학교 간호학부	사립	211	—
영주시	경북전문대학교 간호학과	사립	160	○
	동양대학교 간호학과	사립	70	—
문경시	문경대학교 간호학과	사립	162	○
경산시	경일대학교 간호학과	사립	135	—
	대경대학교 간호학과	사립	137	○
	대구한의대학교 간호학과	사립	85	○
	영남외국어대학 간호학과	사립	45	—
	호산대학교 간호학과	사립	198	○
칠곡군	경북과학대학교 간호학과	사립	138	○
경상남도(15개 / 1,714명)				
진주시	경상국립대학교 간호대학	국립	110	○
	진주보건대학교 간호학과	사립	254	○
	한국국제대학교 간호학과	사립	40	—
김해시	가야대학교 간호학과	사립	149	—
	김해대학교 간호학과	사립	145	—
거제시	거제대학교 간호학과	사립	110	—
양산시	동원과학기술대학교 간호학과	사립	133	—
	부산대학교 간호대학	국립	80	○
	영산대학교 간호학과	사립	95	—
창원시	경남대학교 간호학과	사립	95	—
	마산대학교 간호학과	사립	220	○
	창신대학교 간호학과	사립	100	—
	창원대학교 간호학과	국립	36	—
	창원문성대학교 간호학과	사립	82	—
거창군	경남도립거창대학 간호학과	공립	65	○
제주특별자치도(3개 / 352명)				
제주시	제주관광대학교 간호학과	사립	72	—
	제주대학교 간호대학	국립	70	○
	제주한라대학교 간호학부	사립	210	○

전문간호사 교육기관 현황

전문간호사 자격은 보건·마취·정신·가정·감염관리·산업·응급·노인·중환자·호스피스·종양·임상 및 아동 분야 등 총 13개로 구분되어 있다. 전문간호사는 10년 이내에 해당분야에서 3년 이상 간호사로서의 실무경력이 있어야 하며, 전문간호사 교육과정이 개설된 대학원에서 2년 과정을 마치고 1차 필기시험과 2차 실기시험에 합격하면 보건복지부 전문간호사 자격증을 취득할 수 있다.

전문간호사 교육기관은 대학에 따라서 일반대학원 내에 전문간호사 과정이 개설된 곳이 있고, 특수대학원 내에 개설된 곳이 있다. 수업은 대학원에 따라 주간 또는 야간으로 운영되고, 실습지와 실습 일정이 다르므로 미리 확인을 하고 진학해야 한다. 또 해마다 뽑는 분야와 인원이 달라질 수 있으므로 관심이 있는 분야가 있다면 한국간호교육평가원에서 지정된 교육기관을 미리 확인하고, 교육과정을 운영하고 있는 대학에 문의하는 것이 정확하다.

분야	교육기관명	정원(명)
가정 전문간호사	가톨릭대학교 임상간호대학원	10
	남서울대학교 일반대학원	10
	대전대학교 일반대학원	7
	성균관대학교 임상간호대학원	10
	우석대학교 일반대학원	5
감염관리 전문간호사	가천대학교 일반대학원	5
	가톨릭대학교 임상간호대학원	15
	건양대학교 일반대학원	10
	계명대학교 일반대학원	10
	부산대학교 일반대학원	5
	연세대학교 원주의과대학 일반대학원	10
	울산대학교 산업대학원	15
	충북대학교 일반대학원	5
	한림대학교 간호대학원	10
노인 전문간호사	가천대학교 일반대학원	5
	건양대학교 일반대학원	5
	경북대학교 일반대학원	5
	경상국립대학교 일반대학원	5
	경희대학교 간호대학원	10
	계명대학교 일반대학원	10
	고려대학교 일반대학원	10
	고신대학교 일반대학원	10
	단국대학교 보건복지대학원	10
	대구가톨릭대학교 의료보건산업대학원	10
	동의대학교 일반대학원	10
	부산가톨릭대학교 일반대학원	10

분야	교육기관명	정원(명)
노인 전문간호사	부산대학교 일반대학원	5
	삼육대학교 보건복지대학원	10
	성신여자대학교 일반대학원	10
	아주대학교 일반대학원	10
	연세대학교 간호대학원	10
	을지대학교 임상간호대학원	10
	이화여자대학교 일반대학원	10
	인제대학교 일반대학원	10
	인하대학교 일반대학원	5
	중앙대학교 건강간호대학원	10
	충남대학교 일반대학원	5
	한림대학교 간호대학원	5
	한양대학교 임상간호대학원	10
산업 전문간호사	가톨릭대학교 보건의료경영대학원	10
아동 전문간호사	연세대학교 간호대학원	10
응급 전문간호사	가천대학교 일반대학원	4
	아주대학교 일반대학원	10
	울산대학교 산업대학원	7
	인제대학교 일반대학원	5
임상 전문간호사	고려대학교 일반대학원	5
	아주대학교 일반대학원	10
	연세대학교 간호대학원	10
	이화여자대학교 일반대학원	10
	한림대학교 간호대학원	15
정신 전문간호사	경북대학교 일반대학원	5
	계명대학교 일반대학원	5
	경희대학교 간호대학원	10
	대구가톨릭대학교 의료보건산업대학원	5
	부산대학교 일반대학원	5
	을지대학교 임상간호대학원	5
	이화여자대학교 일반대학원	10
	인제대학교 일반대학원	5
	충남대학교 일반대학원	5
	한양대학교 임상간호대학원	7

분야	교육기관명	정원(명)
종양 전문간호사	가천대학교 일반대학원	5
	가톨릭대학교 임상간호대학원	10
	건양대학교 일반대학원	5
	계명대학교 일반대학원	7
	고신대학교 일반대학원	10
	삼육대학교 보건복지대학원	7
	서울대학교 일반대학원	10
	성균관대학교 임상간호대학원	10
	연세대학교 간호대학원	10
	울산대학교 산업대학원	10
	중앙대학교 건강간호대학원	10
중환자 전문간호사	동아대학교 일반대학원	5
	부산대학교 일반대학원	5
	서울대학교 일반대학원	10
	성균관대학교 임상간호대학원	10
	연세대학교 원주의과대학 일반대학원	10
	울산대학교 산업대학원	10
	인제대학교 일반대학원	5
	충남대학교 일반대학원	5
호스피스 전문간호사	가톨릭대학교 임상간호대학원	10
	경북대학교 일반대학원	5
	계명대학교 일반대학원	5
	고신대학교 일반대학원	5
	대구가톨릭대학교 의료보건산업대학원	5
	부산가톨릭대학교 일반대학원	10
	이화여자대학교 일반대학원	5
	창신대학교 일반대학원	15
	충남대학교 일반대학원	5
	한양대학교 임상간호대학원	10

전국 간호학 전공 대학원 현황

일반대학원 내에는 석사와 박사과정이 있으며, 각 대학원에서 운영하는 과정을 표기했다. 일반대학원과 별도로 특수대학원을 운영하고 있는 대학의 경우 특수대학원을 표시했다. 특수대학원은 박사과정은 운영하지 않고 석사과정만 운영하는 것이 일반적이다. 석사학위명의 경우 일반대학원 간호학 전공은 대게 '간호학 석사', 특수대학원 내에서 간호학 전공인 경우도 '간호학 석사'로 표기되는 경우가 많다. 그러나 보건대학원은 '보건학 석사', 교육대학원은 '교육학 석사' 등으로 학위명이 달라지니 이에 대해서는 입학 전 각 대학원에 문의해 본인이 취득하고자 하는 학위가 무엇인지 정확하게 확인하길 바란다.

다음은 전국에 간호학 전공이 개설되어 있는 대학원 리스트를 정리했다. 순서는 가나다순으로 정부 행정안전부 지방자치단체 표기 순서를 따랐다. 추가로 보건대학원 등 간호사가 갈만한 특수대학원도 게재해 도움을 주고자 했다.

지역	대학명	설립 유형	대학원		
			일반 대학원 (석사)	일반 대학원 (박사)	특수 대학원 (석사)
서울특별시(13개)					
종로구	서울대학교	국립	○	○	보건대학원
성동구	한양대학교	사립	○	○	• 임상간호대학원 • 보건대학원
동대문구	경희대학교	사립	○	○	• 간호대학원 • 교육대학원 (보건교육 전공) • 공공대학원 (의료관리학과 간호행정 전공)
성북구	고려대학교	사립	○	○	• 보건대학원 • 교육대학원(간호교육 전공)
	성신여자대학교	사립	○	○	—
노원구	삼육대학교	사립	○	○	임상간호대학원
	한국성서대학교	사립	○	—	—
서대문구	연세대학교	사립	○	○	• 간호대학원 • 보건대학원
	이화여자대학교	사립	○	○	• 교육대학원(간호교육 전공)
동작구	중앙대학교	사립	○	○	건강간호대학원
서초구	가톨릭대학교	사립	○	○	• 임상간호대학원 • 의료경영대학원 • 보건의료경영대학원 • 생명대학원
강남구	성균관대학교	사립	—	—	임상간호대학원
송파구	울산대학교	사립	—	—	산업대학원(임상전문간호학 전공)
부산광역시(7개)					
서구	고신대학교	사립	○	○	보건대학원
	동아대학교	사립	○	○	—

지역	대학명	설립 유형	대학원		
			일반 대학원 (석사)	일반 대학원 (박사)	특수 대학원 (석사)
부산진구	동의대학교	사립	○	○	–
	인제대학교	사립	○	○	• 보건대학원 • 교육대학원(간호교육 전공)
남구	부경대학교	국립	○	○	–
금정구	부산가톨릭대학교	사립	○	○	–
사상구	신라대학교	사립	○	–	–
대구광역시(3개)					
중구	경북대학교	국립	○	○	• 보건대학원 • 교육대학원(간호교육 전공) • 수사과학대학원 (법의간호학과)
남구	대구가톨릭대학교	사립	○	○	의료보건산업대학원
달서구	계명대학교	사립	○	○	교육대학원(간호교육 전공)
인천광역시(3개)					
연수구	가천대학교	사립	○	○	보건대학원
	인천가톨릭대학교	사립	○	–	–
미추홀구	인하대학교	사립	○	○	보건대학원
광주광역시(6개)					
동구	전남대학교	국립	○	○	–
	조선대학교	사립	○	○	보건대학원
남구	광주대학교	사립	–	○	보건상담정책대학원(간호학과)
광산구	광주여자대학교	사립	–	–	사회개발대학원(간호학과)
	남부대학교	사립	○	○	–
	호남대학교	사립	–	–	사회융합대학원(간호학과)
대전광역시(5개)					
동구	대전대학교	사립	○	○	–
	우송대학교	사립	–	–	보건복지대학원 (보건복지학과 간호학 전공)
중구	충남대학교	국립	○	○	• 보건대학원 • 교육대학원(간호교육 전공)
서구	건양대학교	사립	○	○	보건복지대학원
	배재대학교	사립	○	–	–
울산광역시(1개)					

지역	대학명	설립 유형	대학원		
			일반 대학원 (석사)	일반 대학원 (박사)	특수 대학원 (석사)
남구	울산대학교	사립	○	○	—
경기도(4개)					
수원시	아주대학교	사립	○	○	보건대학원
의정부시	을지대학교 (의정부캠퍼스)	사립	○	○	임상간호대학원
화성시	수원대학교	사립	○	—	—
포천시	차의과학대학교	사립	○	○	보건산업대학원
강원도(6개)					
춘천시	강원대학교 (춘천캠퍼스)	국립	○	○	—
	한림대학교	사립	○	○	간호대학원
원주시	강릉원주대학교	국립	○	○	—
	상지대학교	사립	○	—	—
	연세대학교 (미래캠퍼스)	사립	○	○	보건과학대학원
강릉시	가톨릭관동대학교	사립	○	○	교육대학원(간호교육 전공)
충청북도(5개)					
충주시	건국대학교	사립	○	○	—
청주시	청주대학교	사립	—	—	보건의료대학원(간호학과)
	충북대학교	국립	○	○	—
괴산군	중원대학교	사립	○	○	—
증평군	한국교통대학교	국립	○	—	—
충청남도(8개)					
천안시	남서울대학교	사립	○	—	—
	단국대학교	사립	○	○	보건복지대학원
	백석대학교	사립	—	—	보건복지대학원 (간호학 전공)
	상명대학교	사립	○	—	—
	순천향대학교	사립	○	○	—
공주시	공주대학교	국립	○	○	—
아산시	호서대학교	사립	○	—	—
홍성군	청운대학교	사립	○	—	—

지역	대학명	설립유형	대학원		
			일반대학원 (석사)	일반대학원 (박사)	특수대학원 (석사)
전라북도(6개)					
전주시	예수대학교	사립	○	—	—
	전북대학교	국립	○	○	보건대학원
	전주대학교	사립	○	—	—
군산시	국립군산대학교	국립	○	—	—
익산시	원광대학교	사립	○	○	—
완주군	우석대학교	사립	○	—	—
전라남도(5개)					
순천시	순천대학교	국립	○	—	—
나주시	동신대학교	사립	○	○	—
영암군	세한대학교	사립	○	○	—
무안군	목포대학교	국립	○	○	—
	초당대학교	사립	○	—	—
경상북도(6개)					
경주시	경주대학교	사립	○	—	—
	동국대학교	사립	○	—	—
김천시	김천대학교	사립	○	○	—
구미시	경운대학교	사립	○	—	—
영주시	동양대학교	사립	—	—	정보대학원(간호학과)
경산시	경일대학교	사립	○	—	—
경상남도(7개)					
진주시	경상국립대학교	국립	○	○	—
김해시	가야대학교	사립	—	—	보건대학원(간호학 전공)
양산시	부산대학교	국립	○	○	교육대학원(간호교육 전공)
	영산대학교	사립	○	—	—
창원시	경남대학교	사립	○	—	—
	창신대학교	사립	○	—	—
	창원대학교	국립	○	○	보건대학원
제주특별자치도(1개)					
제주시	제주대학교	국립	○	○	보건복지대학원 (보건간호학 전공)

역대 상급종합병원 지정 현황

상급종합병원은 종합병원 중에서 중증질환에 대해 난이도가 높은 의료행위를 전문적으로 하는 종합병원이 지정될 수 있다(의료법 제3조의 4). 지정 요건으로는 먼저 보건복지부령으로 정한 20개 이상의 진료과목을 갖추고 각 진료과목마다 전속하는 전문의를 둬야 한다. 그다음 전문의가 되려는 자를 수련시키는 기관(레지던트 수련병원)이어야 한다. 보건복지부령으로 정하는 인력·시설·장비 등을 갖추고 있어야 하며, 마지막으로 질병군별 환자구성 비율이 보건복지부령으로 정하는 기준에 해당해야 한다.

지정 기준을 충족한 종합병원 중 신청한 기관을 대상으로 3년마다 평가를 실시해 상급종합병원에 재지정되거나 취소될 수 있다. 따라서 지정 기준을 충족했지만 상급종합병원 지정을 신청하지 않은 병원은 지정될 수 없으며, 지정이 되었다고 하더라도 부정한 방법으로 지정됨, 지정서 반납, 지정 기준 미충족 등의 사유가 발생하면 지정이 취소될 수도 있다.

* 가나다순

권역	병원명	4기 (2021~2023)	3기 (2018~2020)	2기 (2015~2017)	1기 (2012~2014)
서울권	가톨릭대학교 서울성모병원	○	○	○	○
	가톨릭대학교 여의도성모병원	–	–	–	○
	강북삼성병원	○	○	○	○
	건국대학교병원	○	○	○	○
	경희대학교병원	○	○	○	○
	고려대학교 구로병원	○	○	○	○
	고려대학교 안암병원	○	○	○	○
	삼성서울병원	○	○	○	○
	서울대학교병원	○	○	○	○
	서울아산병원	○	○	○	○
	순천향대학교 서울병원	–	–	–	○
	연세대학교 강남세브란스병원	○	○	○	○
	연세대학교 세브란스병원	○	○	○	○
	이화여자대학교 목동병원	○	–	○	○
	인제대학교 상계백병원	–	–	–	○
	중앙대학교병원	○	○	○	○
	한양대학교병원	○	○	○	○
경기 서북부권	가톨릭대학교 인천성모병원	○	○	○	–
	길병원	○	○	○	○
	순천향대학교 부천병원	○	○	○	○
	인하대학교병원	○	○	○	○

권역	병원명	4기 (2021~2023)	3기 (2018~2020)	2기 (2015~2017)	1기 (2012~2014)
경기 남부권	고려대학교 안산병원	○	○	○	○
	분당서울대학교병원	○	○	○	○
	아주대학교병원	○	○	○	○
	한림대학교 성심병원	○	○	○	○
강원권	강릉아산병원	○	–	–	–
	연세대학교 원주세브란스 기독병원	○	○	○	○
	한림대학교 춘천성심병원	–	–	–	○
충북권	충북대학교병원	○	○	○	○
충남권	단국대학교병원	○	○	○	○
	순천향대학교 천안병원	○	○	○	○
	충남대학교병원	○	○	○	○
전북권	원광대학교병원	○	○	○	○
	전북대학교병원	○	○	○	○
전남권	전남대학교병원	○	○	○	○
	조선대학교병원	○	○	○	○
	화순전남대학교병원	○	○	○	○
경북권	경북대학교병원	○	○	○	○
	계명대학교 동산병원	○	○	○	○
	대구가톨릭 대학교병원	○	○	○	○
	영남대학교병원	○	○	○	○
	칠곡경북대학교병원	○	○	–	–
경남 동부권	고신대학교 복음병원	–	○	○	○
	동아대학교병원	○	○	○	○
	부산대학교병원	○	○	○	○
	양산부산대학교병원	○	○	○	–
	울산대학교병원	○	–	○	–
	인제대학교 부산백병원	○	○	○	○
경남 서부권	경상대학교병원	○	○	○	○
	성균관대학교 삼성창원병원	○	–	–	–
총계		45개	42개	43개	44개

전국 종합병원 현황

우리나라에는 과연 종합병원이 얼마큼 있을까? 100개 이상의 병상을 갖추고, 그에 따른 진료 과목과 전문의를 두어야 한다. 그 종합병원의 현황을 표로 정리했다.

소재지	개수	병원명
서울특별시(42개)		
종로구	2	서울적십자병원, 세란병원
중구	2	국립중앙의료원, 인제대학교 서울백병원
용산구	1	순천향대학교 서울병원
광진구	1	혜민병원
동대문구	3	삼육서울병원, 서울성심병원, 서울특별시 동부병원
중랑구	3	녹색병원, 동부제일병원, 서울특별시 서울의료원
강북구	1	대한병원
도봉구	1	한일병원
노원구	3	노원을지대학교병원, 인제대학교 상계백병원, 한국원자력의학원 원자력병원

소재지	개수	병원명
은평구	2	가톨릭대학교 은평성모병원, 청구성심병원
서대문구	1	동신병원
양천구	2	서울특별시 서남병원, 홍익병원
강서구	4	미즈메디병원, 부민병원, 우리들병원, 이화여자대학교 서울병원
구로구	1	구로성심병원
금천구	1	희명병원
영등포구	7	가톨릭대학교 여의도성모병원, 대림성모병원, 명지성모병원, 성애병원, 한림대학교 강남성심병원, 한림대학교 한강성심병원, 씨엠병원
동작구	1	서울특별시 보라매병원
관악구	1	에이치플러스 양지병원
강남구	1	차의과학대학교 강남차병원
송파구	1	경찰병원
강동구	3	강동경희대학교의대병원, 강동성심병원, 중앙보훈병원
부산광역시(25개)		
중구	1	메리놀병원
서구	2	고신대학교 복음병원, 삼육부산병원
동구	3	김원묵기념봉생병원, 일신기독병원, 좋은문화병원
영도구	2	영도병원, 해동병원
부산진구	3	동의병원, 온종합병원, 춘해병원
동래구	3	광혜병원, 대동병원, 동래봉생병원
남구	1	부산성모병원
북구	2	구포성심병원, 부민병원
해운대구	2	해운대백병원, 해운대부민병원
연제구	1	부산광역시의료원
수영구	2	비에이치에스한서병원, 좋은강안병원
사상구	2	부산보훈병원, 좋은삼선병원
기장군	1	동남권원자력의학원
대구광역시(13개)		
중구	2	계명대학교 대구동산병원, 곽병원
동구	1	대구파티마병원
서구	1	대구의료원
남구	2	대구굿모닝병원, 드림종합병원
북구	1	대구가톨릭대학교 칠곡가톨릭병원
수성구	1	천주성삼병원

소재지	개수	병원명
달서구	5	구병원, 나사렛종합병원, 대구보훈병원, 더블유병원, 삼일병원
인천광역시(17개)		
중구	1	인천기독병원
동구	2	인천광역시의료원, 인천백병원
연수구	1	나사렛국제병원
남동구	1	인천힘찬종합병원
부평구	2	근로복지공단 인천병원, 부평세림병원
계양구	2	인천세종병원, 한림병원
서구	5	가톨릭관동대학교 국제성모병원, 검단탑병원, 나은병원, 뉴성민병원, 온누리병원
미추홀구	2	인천사랑병원, 현대유비스병원
강화군	1	비에스종합병원
광주광역시(22개)		
동구	1	서남대학교병원
서구	5	광주한국병원, 미래로21병원, 상무병원, 서광병원, 선한병원
남구	4	광주기독병원, 광주씨티병원, 동아병원, 빛고을전남대학교병원
북구	6	광주병원, 광주일곡병원, 광주현대병원, 광주희망병원, 운암한국병원, 해피뷰병원
광산구	6	광주보훈병원, 광주수완병원, 신가병원, 첨단종합병원, 하남성심병원, KS병원
대전광역시(9개)		
동구	2	대전선병원, 대전한국병원
중구	1	가톨릭대학교 대전성모병원
서구	3	건양대학교병원, 대전을지대학교병원, 대청병원
유성구	1	유성선병원
대덕구	2	근로복지공단 대전병원, 대전보훈병원
울산광역시(8개)		
중구	2	동강병원, 동천동강병원
남구	3	울산병원, 중앙병원, 좋은삼정병원
북구	2	울산시티병원, 울산엘리야병원
울주군	1	서울산보람병원
세종특별자치시(2개)		
세종시	2	세종충남대학교병원, 엔케이세종병원
경기도(67개)		

소재지	개수	병원명
수원시	5	가톨릭대학교 성빈센트병원, 경기도의료원 수원병원, 동수원병원, 윌스기념병원, 화홍병원
성남시	6	국군수도병원, 분당제생병원, 성남시의료원, 성남정병원, 성남중앙병원, 차의과학대학교 분당차병원
의정부시	5	가톨릭대학교 의정부성모병원, 경기도의료원 의정부병원, 의정부백병원, 의정부을지대학교병원, 추병원
안양시	2	메트로병원, 안양샘병원
부천시	5	가톨릭대학교 부천성모병원, 다니엘종합병원, 부천대성병원, 부천세종병원, 부천우리병원
광명시	2	광명성애병원, 중앙대학교 광명병원
평택시	4	굿모닝병원, 박병원, 박애병원, 평택성모병원
안산시	4	근로복지공단 안산병원, 단원병원, 사랑의병원, 한도병원
고양시	6	국립암센터, 국민건강보험공단 일산병원, 동국대학교 일산불교병원, 명지병원, 인제대학교 일산백병원, 일산차병원
구리시	1	한양대학교 구리병원
남양주시	3	남양주나눔병원, 남양주한양병원, 현대병원
오산시	2	오산한국병원, 조은오산병원
시흥시	3	센트럴병원, 시화병원, 신천연합병원
군포시	2	원광대학교 산본병원, 지샘병원
용인시	4	강남병원, 다보스병원, 명주병원, 연세대학교 용인세브란스병원
파주시	2	경기도의료원 파주병원, 메디인병원
이천시	1	경기도의료원 이천병원
안성시	2	경기도의료원 안성병원, 안성성모병원
김포시	2	김포우리병원, 뉴고려병원
화성시	3	원광종합병원, 한림대학교 동탄성심병원, 화성중앙종합병원
광주시	1	참조은병원
포천시	2	경기도의료원 포천병원, 우리병원
강원도(13개)		
춘천시	2	강원대학교병원, 한림대학교 춘천성심병원
원주시	1	강원도 원주의료원
강릉시	3	강릉고려병원, 강릉동인병원, 강원도강릉의료원
동해시	1	동해동인병원
태백시	1	근로복지공단 태백병원
속초시	2	강원도 속초의료원, 속초보광병원
삼척시	1	강원도 삼척의료원

소재지	개수	병원명
홍천군	1	홍천아산병원
영월군	1	강원도 영월의료원
충청북도(12개)		
충주시	2	건국대학교 충주병원, 충청북도 충주의료원
제천시	2	명지병원, 제천서울병원
청주시	6	베스티안병원, 청주성모병원, 충청북도 청주의료원, 하나병원, 한국병원, 효성병원
옥천군	1	옥천성모병원
진천군	1	중앙제일병원
충청남도(11개)		
천안시	2	천안충무병원, 충청남도 천안의료원
공주시	1	충청남도 공주의료원
보령시	1	보령아산병원
아산시	1	아산충무병원
서산시	2	서산중앙병원, 충청남도 서산의료원
논산시	1	백제병원
당진시	1	당진종합병원
홍성군	1	충청남도 홍성의료원
예산군	1	예산종합병원
전라북도(12개)		
전주시	5	대자인병원, 예수병원, 전주고려병원, 전주병원, 전주열린병원
군산시	2	동군산병원, 전라북도 군산의료원
익산시	1	익산병원
정읍시	1	정읍아산병원
남원시	1	전라북도 남원의료원
고창군	1	고창병원
부안군	1	부안성모병원
전라남도(25개)		
목포시	5	목포기독병원, 목포시의료원, 목포중앙병원, 목포한국병원, 세안종합병원
여수시	3	여수전남병원, 여수제일병원, 여천전남병원
순천시	6	근로복지공단 순천병원, 성가롤로병원, 순천제일병원, 순천중앙병원, 순천한국병원, 전라남도 순천의료원
나주시	2	나주종합병원, 빛가람종합병원

소재지	개수	병원명
광양시	2	광양사랑병원, 광양서울병원
고흥군	1	고흥종합병원
장흥군	1	장흥종합병원
해남군	2	해남우리종합병원, 해남종합병원
무안군	1	무안병원
영광군	2	영광기독병원, 영광종합병원
경상북도(20개)		
포항시	5	경상북도 포항의료원, 에스포항병원, 좋은선린병원, 포항성모병원, 포항세명기독병원
경주시	1	동국대학교 경주병원
김천시	2	경상북도 김천의료원, 김천제일병원
안동시	3	경상북도 안동의료원, 안동병원, 안동성소병원
구미시	3	구미강동병원, 순천향대학교 구미병원, 차의과학대학교 구미차병원
영주시	1	영주적십자병원
영천시	1	영남대학교 영천병원
상주시	2	상주성모병원, 상주적십자병원
문경시	1	문경제일병원
경산시	1	경산중앙병원
경상남도(23개)		
진주시	3	제일병원, 진주고려병원, 한일병원
통영시	1	새통영병원
김해시	5	강일병원, 갑을장유병원, 김해복음병원, 조은금강병원, 중앙병원
거제시	3	대우병원, 맑은샘병원, 백병원
양산시	2	베데스다복음병원, 웅상중앙병원
창원시	9	경상남도 마산의료원, 근로복지공단 창원병원, 에스엠지연세병원, 연세에스병원, 창원경상국립대학교병원, 창원제일종합병원, 창원파티마병원, 창원한마음병원, 청아병원
제주특별자치도(6개)		
제주시	5	제주대학교병원, 제주한라병원, 중앙병원, 한국병원, 한마음병원
서귀포시	1	제주특별자치도 서귀포의료원
총계(327개)		

북큐레이션 • 4차 산업혁명 시대를 주도하는 이들을 위한 라온북의 책

《간호사 혁명 시대》와 함께 읽으면 좋은 책. 기존의 공식이 통하지 않는 급변의 시대, 남보다 한발 앞서 미래를 준비하는 사람이 주인공이 됩니다.

이직 혁명

이창현 지음 | 16,000원

이직 필수 시대! "더 이상 이직이 두렵지 않다"
나의 가치를 높여 채용 시장에서 살아남는 방법

직장인들은 늘 자신의 직장에 대해 고민한다. 그러나 이직하고 싶다고 해서 그냥 이력서만 넣는다고 되지 않는다. 《이직 혁명》은 헤드헌터이자 커리어 컨설턴트인 저자가 다양한 직장인들을 성공적인 이직으로 안내해온 이직 노하우를 한 권으로 담아낸 책이다. 이직 준비를 위한 커리어 패스 만들기부터 채용 시장에서 살아남는 경력기술서와 면접 스킬, 헤드헌터와 함께하는 이직 준비까지 세세한 사항들을 설명한다. 이 책을 통해 급변하는 사회에서 기업이 원하는 인재상에 맞게 자신의 커리어를 개발하는 방법을 얻고, 이를 바탕으로 원하는 회사로 이직할 때까지 이직 활동을 지속해나갈 수 있는 원동력을 갖게 되길 희망한다.

링크드인 취업 혁명

김민경 지음 | 17,000원

나는 세계 어디든 원하는 곳으로 취업한다!
'링크드인'으로 시작하는 해외 취업 성공 노하우!

이제는 비대면 시스템이 비즈니스 시장의 중요 수단이 되었고, 가상현실, 인공지능 등 일상의 흐름을 바꿀 4차 산업혁명이 우리를 향해 빠르게 다가오고 있다. 그렇다면 취업과 이직을 준비하는 사람들은 어떻게 대응해야 할까? 《링크드인 취업 혁명》은 링크드인을 활용한 프로필 셋업, 담당 포지션 어필, 포트폴리오 작성 등 해외 취업에 맞는 인재로 거듭나는 방법부터 3개월 안에 내가 원하는 타깃 1,000명과 연결되는 방법까지 해외 취업 성공 노하우을 담고 있다. 해외 취업을 위한 구체적인 솔루션 제시와 함께 링크드인을 무기 삼고 활용한다면 취업 성공의 문이 열릴 것이다.

운명을 바꾸는 행동의 힘

유선국 지음 | 14,000원

여전히 생각 속에서만 살고 있으신가요?
지금 당신의 마음속에 잠재된 거인을 깨워드립니다!

'돈 많이 벌고 싶다', '잘살고 싶다', '즐기면서 살고 싶다', 'SNS 사진 속 사람들처럼 여유로워지고 싶다'. 일상을 살아가면서 한 번쯤 해봤을 생각들이다. 하지만 이런 생각이 들 때면 뭔가 설렘보다는 두려움이 먼저 앞선다. 왜일까? 요즘처럼 살아남기 힘든 세상이 없다고 느끼는 우리에게 가장 필요한 건 이 무모해 보일지도 모를 행동의 힘이다. 나를 가장 단단하게 만들어줄 행동의 힘, 그 힘이야말로 꿈은 물론 현실에 맞설 힘과 원하는 만큼의 돈을 가져다줄 것이다. 지금 당장 당신의 바뀔 운명을 위해 행동하라!

인생이 달라지는 新생존법

이광민 지음 | 14,000원

불확실한 미래, 어떤 준비를 해야할까?
현시대에서 생존하기 위해 꼭 필요한 新생존법

빠르게 변해가는 현재에 맞춰 불확실한 미래 또한 성큼성큼 다가오고 있다. 이러한 시대에서 살아남기 위해 가장 필요한 힘은 무엇일까? 어떤 준비를 해야 나만의 경쟁력을 가질 수 있을까? 여기 지방대 출신임에도 100대 1의 경쟁력을 뚫고 청와대 비서실에 합격하고, 전국 마케팅 배틀 3위를 달성하고, 남들이 선망하는 대기업까지 취업한 한 사람이 있다. 《인생이 달라지는 新생존법》에는 단순히 많은 자기계발서에서 다뤄온 긍정하기, 목표 정하기, 실천하기 등의 내용이 아닌 저자 본인이 직접 계획하고 도전해서 성과를 낸 경험을 바탕으로 이 시대에서 살아남는 현실적인 방안이 세세하게 담겨 있다.